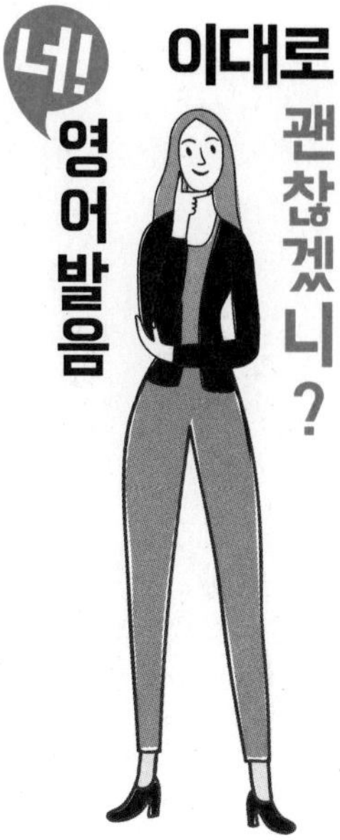
이대로
괜찮겠니?
네!
영어 발음

내 영어발음 이대로 괜찮겠니?

초판 1쇄 인쇄 2020년 3월 13일
초판 1쇄 발행 2020년 3월 23일

지은이	전리나
발행인	임충배
홍보/마케팅	양경자
편집	김민수
디자인	여수빈, 정은진
펴낸곳	도서출판 삼육오 (PUB.365)
제작	(주)피앤엠123

출판신고 2014년 4월 3일
등록번호 제406-2014-000035호

경기도 파주시 산남로 183-25
TEL 031-946-3196 / FAX 031-946-3171
홈페이지   www.pub365.co.kr

ISBN 979-11-90101-28-8 13740
© 2020 PUB.365 & 전리나

이 도서의 국립중앙도서관 출판예정도서목록(CIP)은 서지정보유통지원시스템 홈페이지(http://seoji.nl.go.kr)와
국가자료공동목록시스템(http://www.nl.go.kr/kolisnet)에서 이용하실 수 있습니다. (CIP제어번호: CIP2020006857)

머리말

당신의 영어 발음은 안녕하십니까?

너도나도 토익 900점대를 넘는 시대. 그런 우리가 막상 원어민을 만나면 한없이 작아집니다.

1 영어를 못해서…
2 말해봤지만, 원어민이 못 알아들어서…
3 원어민이 말했는데 내가 못 알아들어서…
4 원어민이 천천히 말해줘도 내가 못 알아들어서…

또는 여러 가지 이유가 있겠지만, 원어민들은 완벽한 문법을 갖춘 문장이 아니더라도 우리가 정확한 발음을 구사하면 이해합니다. 그런데 문제는 우리가 알고 있는 아주 쉽고 간단한 단어들마저도 정확한 발음을 구사하지 못한다는 거죠. 단어 뜻도 스펠링도 아는데 발음을 구사하지 못한다면 억울하지 않을까요?

최소 우리가 알고 있는 단어들을 정확하게 구사하기 위해선 영어 발음법을 이해하고 학습해야 합니다. 영어의 정확한 발음을 구사하기 위해서는 음소(single sound) 발음법을 알고, 자음과 모음 그리고 발음기호를 이해하여 혀와 입술이 움직이는 법을 학습해야 합니다. 단어들이 하나씩 정확한 발음이 된 후 문장으로 읽기 연습을 합니다.

이 단계를 습득한 후 단어들을 소리 내어 연습하고 강세와 리듬까지 더해진다면 원어민과의 소통은 문제가 없을 거라 생각됩니다. 저는 여러분들이 완벽한 영어 소통보다는 지금 알고 있는 기본적인 단어들부터 다시 연습하여 정확한 발음을 구사하길 바라봅니다.

저자 전리나

목차

학습방법

01

🎙 우리가 궁금한 이야기!

...... [b] 발음은 그날 우리말 ㅍ, ㅃ 아닌가요?
... 아닙니다.
student : 보세요, 피~~~~~~~ 비~~~~~~~~ 다 되잖아
         요?

rina : ......

student : 친구들도 쉽다 그랬는데~ 이상하다.

rina : 만약 '부대찌개'를 원어민 친구에게 말한다면?
       그 친구는 'budae'인지 'pudae'인지 햇갈려할 거예요.

student : 아 그런 적 있어요. 미국에서 온 친구를 데리고 부산에 갔을
          때 'busan'인지 'pusan'인지 다시 물어보더라고요.

rina : 그럼요. 한국식 발음으로 소리 낸다면 부대찌개인지 부대찌개인지,
       부산인지 부산인지 원어민들의 귀에는 어렵게 들릴 수 있어요.

student : 오호라 그럼 빨리 우리말과 영어의 [p], [b] 알려주세요!

🖐 tip point!

[p] = 양순음 / 무성음 / 파열음
[b] = 양순음 / 유성음 / 파열음

[p] 발음법: 우리말 'ㅍ'보다 입술을 더 세게 닫아주었다가 터뜨려 주세요.

'우리가 궁금한 이야기'를 읽고 평소 영어 발음 관련된 궁금했던 질문들과 우리가 잘못 알고 있던 것들을 짚어본다.
Tip point에서는 발음법과 상세 내용을 이해하고 입술, 혀, 근육을 움직이는 방법을 배운다.

02

자주 실수하는 영어 단어

* accessory   /익쎄써뤼/
* udio   /아리오/
* battery   /배러뤼/
* boss   /바스~/
* bus   /빠스~/
* cake   /케익/
* casino   /커씨노/
* cheese   /취~ㅣ즈/
* chocolate   /촥ㅋ렡/
* coffee   /카피/
* cone   /코운/
* disappointing   /디써포이닝/
* download   /다운로욷/
* engine   /엔쥔/
* fork   /폴크/

* apartment
* banana
* body
* boxing
* boxing
* card
* center
* cherry
* counting
* curry
* desire
* donut
* energy
* enter
* fire

우리말에 없는 영어 발음이 무엇인지 알아본다.
틀린 발음을 바로잡는 방법과 한국 사람이 자주 실수하는 영어 발음의 단어들도 함께 정리해두어 잘못된 영어 발음의 원인을 이해하고 고칠 수 있도록 한다.

어학연수를 가면 영어가 될까?

연수가 대세죠. '너도 나도 간다.' 시대라고 말해도 과언이
□킹홀리데이를 다녀오면 영어 말하기, 듣기 그리고 발음이

다녀온 친구들을 보면 오히려 한국에서 틀들이 영어 공부
게 없어 보입니다. 아주 간혹 몇몇은 생각보다 자연스러운
생기는 반면, 어학연수나 워킹홀리데이 이후 다시 수업을
지 못했습니다. 사실 영어가 늘지 않고 되돌아오는 이유는

'쉬어가기' 코너에서 선생님의 영어 발음에 대한 다양한 에피소드를 가벼운 마음으로 읽고, 그간 숨겨왔던 의문점도 해소할 수 있다.
코너 내의 '꿀팁'에는 선생님의 발음 노하우가 담겨있으니 반드시! 꼭! 살펴보도록 하자.

04

 우리가 궁금한 이야기

student: 에프!
student: 에쁘!
말에 없기 때문에 어려움을 겪는 분들

ㅍ로 발음하거나, [v]를 'ㅂ'로 발음하
가 나오는 소리임으로 절대 'ㅍ'나 'ㅂ'

QR Code를 활용하여 친절한 선생님의 무료 발음 동영상을 통해 원어민의 발음 구조를 명확히 이해할 수 있다.
원어민 음성 mp3를 들으며 꾸준한 연습으로 영어 발음을 정복하자!
오직 연습만이 살길!

영어 발음 비법 **7단계**

1

영어를 노래하라

"영어에 리듬이 있다는 거 알고 있었나요?"

영어는 우리말과 다르게 리듬을 탑니다.
자 그럼 리듬을 타러 가볼까요?

" 발음의 정석을 알려주마 "

발음
비법

1단계

1

영어를 노래하라

영어의 리듬을 파악하면 발음뿐만 아니라 듣기 실력이 향상됩니다.

완벽한 영어 발음에는 언제나 리듬이 함께합니다. 영어 발음이 완벽하지 않은 사람들도 리듬감을 갖고 있다면 상대방에게 훨씬 더 자연스럽게 들릴 수 있는데요. 그렇기 때문에 음악에 재능이 있다거나 음을 잘 타는 사람들은 영어 발음을 좀 더 빨리 습득할 수 있습니다. 마치 "오, 이 친구 미국 물 좀 먹었구먼!"라는 느낌이랄까요?

미국에 살고 있는 많은 한국인들이 완벽한 발음을 낸다기보다는 원어민과 생활하며 그들이 사용하는 리듬과 톤을 자주 접하기 때문에 좀 더 자연스러운 톤으로 말할 수 있는 것입니다.

미국에서 생활하고 있는 교포들과 유학생들, 그중 영어를 자주 사용할 수 없는 어머님들 같은 경우에도 듣기보다는 말하기에 더 어려움을 갖고 있다고 합니다.

이유는 즉, 대화를 할 수 있는 기회가 많지 않은 반면에 가까운 마트나 백화점에서는 계속해서 영어를 들을 수 있어 굳이 말하지 않아도 계속 들려오는 영어로 알게 모르게 듣기 실력이 늘고 있다는 것이죠.

그래서 제가 접했던 분들 중에 유독 말하기보다는 듣기에 조금 더 높은 실력을 갖춘 분들이 많았습니다. 물론 정확한 발음을 구사하기 위해서는 완벽한 듣기 실력이 필요하지만, 조금 더 듣기에 집중하고 싶다면 팝송을 듣거나 미드를 틀어놓는 것도 추천하는 방법 중 하나가 되겠습니다. 완벽하지 않은 내 영어 발음, 영어의 리듬으로 포장해 볼까요?

음악 좋아하시죠? 노래방에서 노래를 부른다는 생각을 하고 배우면 더 쉽습니다.

영어는 우리말과 다르게 리듬을 탑니다.

예를 들어 여기 우리말 '같'과 '갓'이 있습니다. 여러분은 '같과 갓'을 발음할 때 정확한 분리가 되나요? 영어에서 우리말 '같'은 '가'를 먼저 발음하고 'ㅌ'를 뒤에 넣어 분리가 됩니다. 그럼 우리가 한 번에 발음하는 '같'이 영어에서는 두 개의 발음으로 나눠진 '가ㅌ', '갓'은 '가ㅅ'이 되겠네요. 그래서 가끔은 빠르게, 가끔은 느리게 발음할 수 있게 됩니다.

다시 말해 우리말의 강세는 늘 같은 상태로 유지되기 때문에 영어와는 다른 느낌을 줍니다. 우리말과 다른 영어는 강세가 있는 곳에 따라 바뀔 수 있는데요. 강세에 따라, 동사 혹은 명사로 쓰이거나 중요한 단어에 강세를 주면 더 강조가 될 수 있습니다. 그래서 영어의 강세와 리듬은 우리가 처음 영어를 배울 때 알고 있어야 하는 매우 중요한 포인트라 할 수 있습니다.

근데 왜 우리는 영어 리듬에 어려움을 겪을까요? 우리말은 리듬이 없습니다. 딱딱하죠. 직선으로 쭉 가는 것처럼 말하는 것에 익숙해져 있기 때문입니다. 가끔 서울이 아닌 다른 지역의 사투리를 들을 때면 리듬을 타는 것 같지만 우리말은 역시 리듬이 없습니다.

이렇게 리듬이 없는 언어를 사용한 나라에서 영어 발음을 정확히 하기 위해선 영어의 정확한 리듬과 강세를 파악한 후 발음 연습이 필요합니다.

영어는 발성이 다르기 때문에 호흡법 또한 다릅니다. 그래서 가장 기본적인 영어 발음의 시작은 '영어를 노래하라'인 것을 항상 머릿속에 기억해두기 바랍니다.

|||| 문장 강세 ||||

ex I need some milk.

자, 여기 어렵지 않은 한 문장이 있습니다. 일단 소리 내어 읽어보세요. 이 문장에서 중요한 단어들이 뭘까요?

아니 이 선생이 장난하나? 내가 이거 몰라서 이 책 보는 건데 그걸 나한테 물어봐?라고 생각하시는 분들. 이 문장도 어렵다 하시는 분들.

이렇게 생각하면 쉽겠습니다. 미국에서 아이에게 줄 우유를 사야 하는데 원어민에게 물어봐야 하는 상황입니다. 그리고 나는 영어를 못합니다. 문법을 무시한 채 need! milk! 혹은 where! milk! 이렇게 중요 부분만 말할 수 있을 텐데요. 이 문장에서 중요한 단어들도 같습니다. need 그리고 milk가 되겠습니다. 그럼 이 문장의 리듬을 잘 타려면 우리에게 중요한 단어 need, milk에 좀 더 길고 강세를 넣어주면 끝납니다.

어렵지 않죠? 나머지 단어들은 좀 더 부드럽게 힘을 빼고 중요 단어와 반대로 빠르게 발음합니다.

그럼 다시 한번 발음해 볼까요?

ex I need some milk.
약 강 약 강

완벽한 발음이 아닐 수 있지만 분명 처음 발음했던 것보다 50%는 자연스러워졌음이 제 마음속에 들리네요. (거짓말ㅋㅋ)

하나 더 더하자면, 우리말을 사용하는 사람들은 처음에 강세를 넣는 경우가 대부분입니다.

이렇게요. **I need** some milk.

점점 작아집니다. 사라지네요. 가슴이 아픕니다.

여러분도 방금 처음 저 문장을 읽었을 때를 생각해보세요. 혹시 'I'에서 강세를 주고 끝나진 않았는지…

그래서 우리말의 특징인 단어 하나하나를 또박또박 말한다면 원어민들이 들었을 때 자연스럽지 못하고 딱딱한 발음이 됩니다. 반대로 외국인도 같습니다. 미국에서 살았던 사람이 한국 티비쇼에 나와서 한국말을 할 때, 어색할 수밖에 없는 것처럼 말이죠. "엄, 잘 뭐르게줘요. 한쿡말 어려워효." 이처럼 우리도 영어의 리듬을 잘 타기 위해선 문장의 중요한 단어들과 빠르게 발음해야 하는 단어를 나누는 연습을 해야 합니다.

 연습해 볼까요?

▶▶▶ 아래 문장의 중요 단어를 찾아 읽어보세요.

① My birthday is May 31st.

② There are too many people.

③ How many children do you have?

» 중요 단어를 찾았다면 짧고 빠르게 읽어야 하는 단어를 찾아 다시 읽어보세요.

▶▶▶ 이번 문장은 'do'에 강세를 넣어 읽어보세요.

① I don't do that.

② I didn't do that.

③ I can do that.

④ I can't do that.

» 'do'에 강세를 넣은 이유는 이 문장에서 가장 중요한 단어이기 때문입니다.

보통은 강세를 줄 때 '하다'에 주는 것이 대부분이죠.

잉? 내가 들은 'I don't do that.'은 'don't'도 강세가 들어갔었는데요? 그렇죠. 'don't'에 강세를 넣는 경우도 있습니다.

더.강.조.하.고.싶.을.때!

화가 났다거나 뭔가 급하게 설명해야 할 때라든지 말이죠. 만약 그런 경우에는 'I <u>don't do</u> that!'과 같이 강세를 둘 다 넣어줍니다.

하나 더 팁을 드리자면 만약 미드 주인공이 무척! 화가 났다! 그럴 경우는 'I <u>d-o-n-'t d-o</u> that!' 더 길고 또박또박 천천히 읽어주시면 됩니다. 이런 상황은 거의 때리기 일보직전(?)이라고 보시면 되겠습니다. 같은 이치로 'don't'에 /t/는 들릴 듯 말 듯 매우 작게 소리 내어 줍니다.

너무 화내는 것만 알려드렸나요?

부드럽고 앙앙 여성스럽고 마더 파더 젠틀맨 발음을 원한다면 'do'를 조금 길고 악센트를 살포시 넣어줍니다.

알아볼까요?

▷▷▷ 이번에는 한국식 발음과 미국식 발음의 차이점을 알아볼게요.

🔊 I-01.mp3

문장	한국식 발음	미국식 발음
I don't do that	/아이돈트두뎃/	/아동두뎃/
I didn't do that	/아이디든트두뎃/	/아디든두뎃/
I can do that	/아이캔두뎃/	/아이큰두뎃/
I can't do that	/아이캔트두뎃/	/아캔두뎃/

생각보다 많은 차이를 두게 됩니다.

가장 눈에 띄는 것은 대명사 'I'는 강세를 넣지 않고 '아'로 발음합니다. '이'가 생략된 셈이죠. 그리고 don't, didn't, can't는 't' 발음을 최대한 생략시킨 후 'n'에서 잠시 쉬었다 발음합니다. /t/는 들릴 듯 말 듯 아주 작게 말해야 합니다.

또 이상한 점이 하나 보이네요. 우리는 지금까지 'can'을 '캔'으로만 인식해왔는데 왜 쌤은 '큰'이래요? 그러게요 쿵쿵.

좀 더 빠르게 발음한다면 캔이 큰으로 바뀌는 소리를 들어볼 수 있을 거예요.

아~이.캔.두.뎃…

이렇게 또박또박 말고요. 빠르게 해 보세요.

아캔두뎃… 아캔… 아큰… 아쿵…

'can'와 'can't'의 발음은 헷갈릴 때가 아주 많아요. 위에 설명한 don't, didn't에 있는 't' 발음을 최대한 생략시킨다고 말씀드렸죠?

원어민은 'can't'의 't' 발음을 아주 작게 내기 때문에 가끔 can인지 can't인지 헷갈릴 때가 있어요.

가장 쉬운 구별법은 호흡을 잠시 멈추는지, 멈추지 않는지를 캐치하는 것이 빠른 방법입니다.

몇 문장 더 보겠습니다.

 EXERCISE 연습해 볼까요?

▷▷▷ 't' 소리를 줄이되 호흡을 잠시 멈추는 연습을 해보세요.

🔊 I-02.mp3

① I can see   I can't see

② I can catch   I can't catch

③ I can see the sea   I can't see the sea

이제 공부 싫어하는 여러분들이 문제 많이 풀었으니 잠시 쉴 겸 설명 들어갑니다. 얼마나 좋아요? 읽기만 해도 발음 교정되고…

우리가 노래를 부를 때(촨인한! 여자라~!) 음표에 따라 높이와 호흡이 달라지죠?

영어도 같은 이치입니다. 노래를 부른다고 생각하면 훨씬 더 자연스러운 발음과 느낌을 살릴 수 있습니다.

한국 사람의 큰 문제점은 앞서 설명했듯이 처음 단어에 강세를 주고 뒤로 갈수록 강세가 사라지고 짧게 발음하는 것입니다.

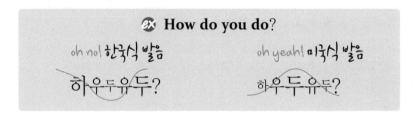

무조건! 한 부분은 호흡을 길~게 유지하고, 끊어 읽기와 강세를 주는 단어를 파악하는 것이 제일 먼저 시작해야 할 영어의 첫 단계 연습입니다.

이렇게 되면 나중에 영어 실력도 더 빠르게 향상할 수 있습니다.

그런데 말입니다. 이렇게 리듬의 강약이 중요하다고 주구장창 알려드렸건만 또 강약을 잘 두라고 하면 이런 문제가 생기곤 합니다. 강약의 차이가 너무 커진다는 것인데요. 롤러코스터처럼 위로 올라갔다가 확 내려왔다 다시 확 올라가게 됩니다. 처음 강약을 연습할 때에는 너무 큰 공을 들이지 마시고, '아항~ 이 단어가 중요 단어이니 길고 좀 높게 하면 되겠군. 흠흠!' 이렇게 이해하신 후 강약의 gap이 너무 커지지 않도록 연습합니다.

강약의 차이가 크게 나지 않는 자연스러운 리듬을 살려야 영어가 멋지게(?) 들립니다. 나중에 문장을 발음할 땐 약 강 약 강보다는 약 중 약 중 느낌을 살릴 수 있도록 해보세요.

강세와 억양의 중요성

영어에서 강세란?

영어에서 강세와 음절은 하나입니다. 음절을 이해하고 나누는 연습을 했다면 이젠 강세와 억양에 집중할 차례가 온 거죠.

제가 밴쿠버에서 학교생활을 할 때만 해도 선생님들은 강세와 비슷한 단어인 액센트(accent)를 자주 사용하셨지만, 액센트(accent)는 '사투리'란 뜻도 가지고 있어 강세로 사용하는 게 좋습니다.

강세란 음이나 음절을 발음할 때의 강도로써 다른 음이나 음절에 비해 우리 몸속 허파로부터 더 많은 공기를 주는 것을 말합니다.

강세를 받는 모음은 더 큰 소리가 나고 길게 발음하며 높이(pitch)가 높아지는데요.

처음 연습할 때는 '나는 아이유의 삼단고음이 가능하다!'라는 마음가짐으로 조금 크고 높고 길게 연습하는 것도 좋은 방법인 것 같습니다. 드림~~~~~~~~ 임 ~~~ 임~~~!

알아볼까요?

▷▷▷ 강세를 공부하기에 앞서 음절의 규칙에 대해 알아볼게요.

🔊 I-03.mp3

1음절	2음절	3음절
book	pil-low	ca-me-ra
kiss	cor-ner	a-re-a
shy	ba-by	tri-an-gle
milk	pic-nic	be-ginn-ing
take	can-dy	ab-so-lute
dog	yel-low	

영어의 음절

음절은 영어의 스펠링 수가 아닌 실제로 발음되는 소리를 말합니다.

모음을 중심으로 앞과 뒤에 자음을 더해 소리 내는 것이죠. 우리말은 받침과 함께 발음이 같기 때문에 음절을 따로 공부해야 할 필요가 없습니다.

하지만 영어에는 강세와 음이 있고 강세의 위치에 따라 동사와 명사가 나눠지는 현상이 있기 때문에 꼭 알아야 하는 중요한 부분입니다.

위의 표와 같이 1음절인 경우는 물론 2음절 이상인 경우에도 강세를 찾아 나누어줘야 합니다.

음절 나누는 법

보통 아이들이 유치원에서 배우는 파닉스에서는 박수를 치면서 음절을 나누는 연습을 하곤 하는데요. (짝짝짝) 제가 여러분께 박수를 계속 박수를 쳐 드릴 수 없으니… (짝짝짝)

조금 더 정확한 방법을 알려드리자면,

 알아볼까요?

▷▷▷ **모음(a, e, i, o, u)이 발음될 때 나는 소리로 모음 소리의 개수를 세어 보세요.**

🔊 1-04.mp3

1️⃣ 단어에서 모음의 개수를 셉니다.

2️⃣ 묵음은 생략합니다.

3️⃣ 모든 이중모음(oi, ou, oy, ow, ay, aw, oo)은 모음 1개로 소리 냅니다.

4️⃣ 남은 모음을 세어보면 음절의 수가 됩니다.

영어의 강세

그럼 <u>강세의 역할</u>은 무엇인지 알아볼까요?

첫 번째는 강세를 주는 위치에 따라 명사인지 동사인지 구분해 줍니다.(는 무슨 소립니까? 하시는 분들 아래 설명드립니다.)

두 번째는 강세를 주는 위치에 따라 복합어인지 구(phrase)인지 달라집니다.

마지막 세 번째는 같은 단어일지라도 강조를 어디에 두느냐에 따라 다른 느낌을 줄 수 있습니다.(신났다든지 화났다든지 말이죠.)

앞서 설명한 강세의 역할에서 '위치에 따라 명사인지 동사인지 구분해 줍니다.'를 조금 쉽게 설명해보자면, 대게 2음절 명사의 강세는 앞에 옵니다.

2음절 단어
APple, HIPpo, MOther, YELlow, TENnis, BUTter, NOthing

만약 명사인데 앞부분에 강세가 오지 않는 경우는 불어일 경우(봉쥬르 마담~)가 대부분입니다.

champagne, chiffon, ballet

반대로 2음절 단어가 동사일 경우에는 50% 이상 뒷부분에서 강세를 줍니다.

deCIDE, exPLAIN, atTACK, beLIEVE, inCLUDE

명사		동사	
PREsent	선물	preSENT	선물하다
IMport	수입	imPORT	수입하다
REject	거절	reJECT	거절하다

좀 이해가 되시나요?

정확한 발음을 구사하는 것 자체도 힘든 일인데 명사와 동사의 차이까지 강세를 바꿔가며 말한다는 것은 쉽지 않습니다. 하지만 정말 완벽한 영어 듣기와 말하기를 구사하길 원한다면 이런 기본적인 단어들 읽기부터 연습해 보는 건 어떨까요?

영어는 정확한 발음을 구사할 수 있는 규칙이 있습니다.

우리 모국어와 영어의 차이가 지구 끝과 반대편 지구 끝에 있다고 생각하고 시작하는 것이 차라리 맘 편하다고 생각됩니다.

그래서 한국인들이 정확한 영어 발음을 구사하기 위해서는 다른 나라 사람들보다 더 많은 시간과 노력이 필요합니다. 말하기에서 가장 어려운 것은 억양(intonation)입니다. 아리송하게도 영어를 정말 완벽히 구사하는 사람일지라도 억양을 살리지 못한다면 원어민 입장에서는 이해하기도 힘들고 영어를 잘못한다고 오해하기 일쑤입니다.

예를 들어, 우리말 '안녕하세요'를 '안녕하세요' 또는 '안녕하세요'처럼 점점 작아지거나 점점 높아지게 발음한다면? '음… 저 사람 왜 저러는 거지?'라고 생각할 수 있습니다.

제가 가르쳤던 친구 중 토익 토플 만점을 받은 '내 인생에 영어는 껌이야'라고 자부심을 가졌던 학생이 외국 회사에 영어 인터뷰를 하게 된 후 영어의 자신감을 잃고 강의를 찾아왔던 적이 있습니다. 그 학생의 영어실력은 훌륭했습니다. 하지만 영어 말하기를 듣는 순간 알 수 있었죠. '아! 억양이 문제였구나.' 외국 계열 회사에 서류 통과 후 인터뷰를 하던 그 학생은 끊임없는 'pardon', 'sorry'를 들었다고 합니다. 원어민들 입장에서는 그 친구의 억양이 너무 특이해 이해할 수 없었던 거죠. 저 또한 20년 넘게 캐나다에서 생활해 왔지만, 원어민들의 'pardon'과 'sorry'를 수백만 번도 더 들었기 때문에 이해가 되었습니다.

특히나 억양을 바꾸는 시간은 상당히 오래 걸리는데 그 이유는 우리가 이미 습득해버린 억양이 입에 무겁게 자리 잡고 있기 때문입니다.

인터뷰에서 탈락한 학생은 6개월간 꾸준히 저와 공부한 후 다시 같은 회사로 면접을 보게 되었고 지금은 미국 L.A에 있는 회사를 열심히 다니고 있다고 합니다. 아래는 그 친구에게 설명해주었던 억양을 잡는 기초 단계입니다.

━ 영어의 억양

음의 높이의 변화를 억양(intonation)이라고 합니다. 억양은 영어에서 매우 중요한 역할을 하고 있습니다.

앞서 배운 '영어를 노래하라'처럼 영어를 노래하듯 말하려면 꼭 억양을 바탕으로 영어를 발음해야 합니다. 억양에는 의미와 감정의 차이와 강조를 나타내는 기능이 있고, 문장이 끝났는지 또는 이어지는지도 알려줍니다.

상대방과 대화 시 중요한 특정 부분을 강조해주며 상대방의 감정을 엿볼 수 있습니다.

우리말은 억양의 차이가 크게 없어 영어를 말할 때 원어민 입장에서 다르게 해석할 수 있다는 점이 크죠.

강세는 단어에 힘을 주었다가 빼기를 반복하는 역할인 반면, 억양은 문장 전체의 리듬을 살리는 역할을 합니다. 같은 문장이라 해도 감정을 나누어 주는 아주 중요한 녀석이죠.

▶▶▶ 같은 문장이라 해도 리듬과 박자가 다르면 의미 전달이 달라질 수 있는데, 어떻게 전달이 되는지 들어보세요.

🔊 1-05.mp3

① Are you sure? (기대)

② Are you sure? (화남)

③ Are you sure? (기쁨)

④ Are you sure? (실망)

⑤ Are you sure? (놀람)

억양은 크게 두 가지로 나뉠 수 있습니다. 첫 번째는 문장의 끝을 내리는 것, 두 번째는 문장의 끝을 올리는 것입니다. 두 가지 차이를 볼까요?

▶▶▶ 억양을 내리는 경우

🔊 1-06.mp3

① 문장이 끝날 때

• I'm going to buy a new computer tomorrow. ↘

• She is my girlfriend. ↘

② what, when, where, how, who 육하원칙 질문을 할 때

• What are you going to do? ↘

• Who is your father? ↘

• What is your name? ↘

▷▷▷ 억양을 올리는 경우

① 질문을 다시 물어볼 때(육하원칙도 포함됨)

- When is your birthday? ↗
- What did you say? ↗
- How did you do that? ↗
- Where did you go? ↗
- Why did you say that? ↗

I-08.mp3

② yes나 no로 대답해야 하는 질문일 때

- Are you married? ↗
- Do you like pizza? ↗
- Excuse me? ↗
- Really? ↗
- Can you come back at 5? ↗

I-09.mp3

③ 이름을 부를 때

- Rina. ↗ Here's your phone. ↘
- Mr. Lee. ↗ How are you today? ↘
- Kevin. ↗ Please come back. ↘
- John! ↗ Stop arguing. ↘
- Sarah. ↗ Do your homework. ↘

I-10.mp3

④ comma(쉼표)가 있고 문장이 이어질 때

- I was born in Seoul, ↗ Korea. ↘
- I can't understand Rina, ↗ she was so rude. ↘
- If I go to New york, ↗ I can see my friend. ↘
- If you don't mind, ↗ I'd like to see you tonight. ↘
- Actually, ↗ I'm pretty nervous. ↘

영어책이나 만화책 한 권을 펴고 이 규칙만 신경 써서 연습한다면 여러분의
억양이 아주 크게 발전한 것을 볼 수 있을 것입니다.

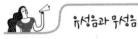

유성음과 무성음

유성음(Voiced Sounds)이란?

유성음이란 조음 할 때 성대의 울림을 수반하는 음이며 '울림소리'라고 합니
다. 모음과 /b, v, d, z, g, m, n, l, r/ 등의 자음에 소리입니다.

무성음(Voiceless Sounds)이란?

무성음이란 조음 할 때 성대의 울림이 없는 경우거나 유성음보다 울리지 않
는 소리입니다. /p, t, f, s, k/ 등이 무성음 소리입니다.

 알아볼까요?

▷▷▷ 유성음과 무성음의 차이

1️⃣ 무성음이 유성음보다 더 많은 바람을 내뿜는다.
2️⃣ 무성음은 바람을 많이 내뿜어야 하므로 짧은 모음이 바로 앞에 오고,
유성음은 바로 앞에 장모음이 오게 된다.

Voiced Sounds						
a, e, i, o, u	b	d	g	j	l	m
n	r	v	w	x	y	z

Voiceless Sounds				
c	f	h	k	p
q	*s	t	*ch	*sh

초영어 자음표 (IPA 자음표 참조)

각 상자 속 왼쪽은 무성음, 오른쪽은 유성음

	양순음 bilabial	순치음 labio–dental	치음 dental	치경음 alveolar	경구개 치경음 postalveolar	연구개음 velar	성문음 glottal
파열음 plosive	P b ㅍ ㅂ			t d ㅌ ㄷ		k g ㅋ ㄱ	
비음 nasa	m ㅁ			n ㄴ		ŋ ㅇ	
전동음 trill				r ㄹ			
마찰음 fricative		f v ㅍ ㅂ	θ ð ㅅ ㄷ	s z ㅅ ㅈ	ʃ ʒ 쉬 쥐		h ㅎ
파찰음 affricative					ʧ ʤ ㅊ ㅈ		
측면접근음 lateral approximant				l ㄹ			

🔊 1-11.mp3

무성음		유성음	
leaf	/리프~/	leave	/리~브/
proof	/프루프~/	prove	/프루~브/
half	/해프~/	have	/해~브/
race	/뤠이스~/	raise	/뤠이~즈/

'-s'는 유성음 뒤에서는 /z/ 소리가 나고, 무성음 뒤에서는 /s/ 소리가 납니다. z, s, ʒ, ʃ, ʤ, ʧ 뒤에서는 /iz/로 소리납니다.

'-s'도 무성음 뒤에서는 무성음 /s/, 유성음 뒤에서는 유성음 /z/ 소리가 납니다.

알아볼까요?

1-12.mp3

무성음		유성음	
thinks	/띵스~/	things	/띠잉즈/
caps	/캡스~/	cabs	/캐앱즈/

1-13.mp3

/s/	/z/
buses	uses
faces	loses
passes	confuses
glasses	exercises

/ʧ/	/ʤ/
touches	pages
teaches	ages

/s/	/ʒ/
washes	garages

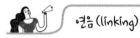

연음 (linking)

분명 영어 공부를 오랫동안 해왔음에도 불구하고 막상 원어민 앞에서 대화를 이어 나가다 보면 우리는 속으로 이렇게 생각합니다. 이게 내가 지금까지 배운 영어가 맞는 건지 다른 나라 언어를 듣고 있는 건지 말이죠. 하나씩 외우고 연습해야 하는 우리로서는 어려울 수밖에 없습니다.

그런데 교실에서 선생님이 하나씩 또박또박 읽어주었던, 또 내가 하나씩 또박또박 읽어왔던 그 영어가 왜 이렇게 빠르게만 들릴까요?

영어를 사용하는 국가 사람들은 성격이 급한 게 아닐까? 생각도 해봅니다. 아닙니다. 우리나라 사람들이 훨씬 더 급합니다.

이렇게 빠르고 잘 들리지 않았던 영어의 비밀은 바로 연음(linking)때문인데요. 자연스러운 영어 발음을 위해 빠질 수 없는 것이 바로 '연음'입니다.

그럼 연음에 대해 알아볼까요?

연음이란?

영어 문장에서 두 단어를 두고 앞 단어가 자음, 뒤 단어가 모음으로 시작할 경우 자음이 모음에 붙는 것을 연음이라고 합니다.

왜 연음이 중요할까요?

우리나라 사람들은 단어를 하나씩 따로 외우기 때문에 발음 또한 하나씩 소리 내는 경우가 많아 연음은 발음에 있어 아주 중요한 부분입니다.

연음을 이해할 때 가장 중요한 것은 연음은 하나의 소리로 변하는 게 아니라 우리가 말을 빨리 할 때 생기는 것이라고 알고 가야 합니다.

연음도 여러 가지 형태로 변할 수 있다는 사실을 기억하세요!

우리말로 비교해 보자면 [어떡해 → 어떠케] 또는 [같이 → 가치]로 소리 나는 경우랍니다. 혹은, 요즘 어린 친구들이 자주 사용하는 줄임말 같은 것이라고 생각하면 쉽습니다.

　원어민들은 이런 연음의 방식을 딱히 배우지 않아도 생활에 따른 자연스러운 연음을 터득하게 되는데요. 우리말을 사용하는 사람들은 꼭 알아야 할 법칙 중 하나입니다. 연음을 실제 회화에 사용하기 위해서는 많은 노력이 필요합니다. 미드나 영화를 다양하게 접해서 실제로 사용하는 연음들을 익숙하게 만드는 것도 방법입니다.

be 동사 축약					
원형	축약형	IPA발음기호	원형	축약형	IPA발음기호
I am	I'm	aɪm	We are	We're	wər
you are	You're	jər	You are	You're	jər
he is	he's	hɪz	they are	they're	ðɛər
she is	she's	ʃɪz			
Tom is	Tom's	tams			
It is	It's	ɪts			
That is	That's	ðæts			
when is	when is	wɛnz	how is	how's	hauz
what is	what is	wats	why is	why's	waɪz
here is	here is	hɪərz			

have 동사 축약					
원형	축약형	IPA발음기호	원형	축약형	IPA발음기호
I have	I've	aɪv	We have	We've	wɪv
I had	I'd	aɪd	we had	we'd	wɪd
you have	you've	juv	you had	you'd	jud
she has	she's	ʃɪz	They have	They've	ðeɪv
she had	she'd	ʃɪd	they had	they'd	ðeɪd
he has	he's	hɪz	There has	There's	ðɛəz
he had	he'd	hɪd	there had	there'd	ðɛəd
It has	It's	ɪts			
John has	John's	dʒanz			

			will 조동사 축약		
원형	축약형	IPA발음기호	원형	축약형	IPA발음기호
I will	I'll	aɪl	we will	we'll	wɪl
you will	you'll	jul	You will	You'll	jul
he will	he'll	hɪ	they will	they'll	ðeɪl *l: Dark "L"
she will	she'll	ʃɪ			
it will	it'll	ɪdəl			
Ted will	Ted'll	tɛz			

			부정형 축약		
원형	축약형	원형	축약형	원형	축약형
is not	isn't	are not	aren't	should not	shouldn't
was not	wasn't	were not	weren't	would not	wouldn't
do not	don't	does not	doesn't	must not	mustn't
did not	didn't	will not	won't	need not	needn't
have not	haven't	has not	hasn't	might not	mightn't
had not	hadn't	can not	can't	could not	couldn't

간단한 문장들을 보자면,

🔊 1-14.mp3

ex
- **look out**   룩아웃 → 루카웃 (자음 k군과 모음 o양 합체!)
- **let it go**   렛잇고 → 레릿고 (자음 t군과 모음 i양 합체!)
- **take out**   테이크아웃 → 테이카웃 (자음 k군과 모음 o양 합체!)
- **make up**   메이크업 → 메이껍 (자음 k군과 모음 u양 합체!)
- **is it?**   이즈잇? → 이짓? (자음 s군과 모음 i양 합체!)

자음과 모음이 사랑에 빠졌다고나 할까요?

연음의 법칙

한 단어에 자음 3개가 올 경우 중간 자음은 굿바이~하게 되는데요. 더하기
좀 해봅시다.

ex
- **apartment**   자음 r + m + t 소리 굿바이 = 아팔먼t
- **exactly**   자음 c + l + t 소리 굿바이 = 이그젝리
- **christmas**   자음 s + m + t 소리 굿바이 = 크리스마스

이렇게 삼각관계에 있던 중간 자음은 사랑을 포기하게 됩니다.(아~ 이별
인가!)

s 뒤 p, k, t는 쌍자음 소리를 냅니다. (ㅃ, ㄸ, ㄲ)

ex
- **street**   s 뒤 자음 t = 스뜨릿
- **speak**   s 뒤 자음 p = 스삑
- **skate**   s 뒤 자음 k = 스께잇

자음으로 끝나는 앞 단어 그리고 모음으로 시작하는 뒤에 단어일 경우 연음
이 되기도 합니다.

ex
- **get out**   게라웃
- **check in**   췌인
- **keep up**   키펍

문장에 있는 기능어들은 최대한 약하게 발음해주세요.(전치사, 접속사, 조동
사, 관사, 대명사, be동사)

특히 대명사(she, him, his, they, their) 등은 뒤에 나올 시 첫소리를 바이 바이~시킵니다.

ex	**need them**	니뎀
	like her	라이커

그리고 마지막이 't' 혹은 'd'로 끝나면 묶어서 발음하고, 마지막 't'나 'd'를 플랩(flap)*으로 발음합니다.

단어의 마지막 자음과 다음 단어의 처음이 같으면 한번 길게 발음합니다.

ex	**want to**	원투
	this summer	디썸머

(* flap : t, tt, d, dd가 단어 사이에 있고 강세가 없는 경우 'ㄹ'로 발음한다.)

완벽한 발음을 위한 발음 연습 단계

모국어가 익숙한 우리나라 성인들은 원어민 음성으로 시작하는 영어 발음 및 회화 연습은 크게 도움이 되지 않습니다. 어느 정도 영어의 기본이 된 친구들을 제외하고는 한국인 선생님에게 시작하는 걸 추천합니다. 기초부터 발음을 잡아야 한다면 다섯 단계로 나눠 공부하는 게 좋습니다.

❶ 자음과 모음을 익힌다.
각 발음기호에 따라 혀와 입술의 위치, 리듬을 이해합니다.

❷ 단어 읽기
발음기호와 자음과 모음의 이해가 된 후 단어 읽기 연습을 합니다.

❸ 문장 읽기
충분한 단어 읽기 연습 후 문장 읽기를 합니다.

❹ 긴 문장 읽기
리듬과 끊어 읽기, 발성 그리고 호흡을 모두 연습하는 단계입니다. 이때부터 원어민 음성과 함께 공부합니다.

❺ 회화 연습

오랫동안 강의를 해오면서 학생들에게 나타난 가장 큰 문제점은 뭘까요? 문법? 단어? 바로 끊.어.읽.기입니다. 아니. 듣기, 말하기인 줄 알았는데 끊어 읽기라니?

공교롭게도 대부분의 학생들은 끊어 읽기를 하지 않습니다. 쉼표가 있는 곳에서 쉬지 않고 마침표가 나와도 다음 문장으로 바로 넘어가는 경우가 대부분입니다. 그럼 올바른 끊어 읽기에 대해서 배워보겠습니다.

❶ Punctuation(. , ; : ? ! ") 뒤에서는 끊어 읽습니다.
  period(.) = I used to live in seoul. / 쉬세요. 쉬어야 합니다!

❷ comma(,)나 and, so, but 등의 등위접속사로 두 문장을 이어갈 때, 혹은 단어가 두 개 이상 나올 때 쉽니다. 숨도 쉽니다!
  yesterday, / I had chicken teriyaki, / beef soup / and sushi for lunch.

❸ colon(:) semicolon(;) 두 개의 문장을 이어주는 역할을 할 때, 쉬어야 합니다.
  There are four trees in my garden; / pine tree,/ cherry,/ blueberries / and cherryblossom.

❹ question mark(?) 물음표 후에는 쉽니다.
  How many brother do you have? / I have one sister.

❺ exclamation mark(!) 느낌표 후에도 쉬어야겠죠?
  What a wonderful world! / said Rina.

❻ quotation mark(" ")도 끊어 읽습니다.
  "he was so mean" / Rina said.

❼ 접속사가 나올 시 무조건 쉰다고 생각합니다.
  (and, so, but, because, since, when, where, however, though 등등)

  I really want to go paris because/ I've never been there before,/ but/ I also feel like to go back to Korea and / Japan.

영어 발음 비법 7단계

2
자음 기초

"부산? 푸산? 왜 원어민은 못 알아듣는 걸까요?"

영어와 국어에는 같은 발음이 없답니다.
자음은 과연 어떻게 다른지 볼까요?

" 발음의 정석을 알려주마 "

**발음
비법**

2단계

2

자음 기초

우리말에는 자음이 14개, 영어에는 21개 있습니다. 영어의 자음은 총 7곳의 조음 위치에서 소리가 납니다.

조음 위치	소리
양순음	양쪽 입술이 닿으며 일어나는 소리 🄴🅇 [p], [b], [w], [m]
순치음	입술과 이빨 사이에서 닿는 소리 🄴🅇 [f], [v]
치설음	이빨과 혀 사이가 닿는 소리 🄴🅇 [θ], [ð]
치경음	윗 잇몸과 혀가 닿는 소리 🄴🅇 [t], [d], [s], [z], [n], [l]
경구개음	경구개(윗 잇몸 뒤쪽에 딱딱한 입천장 부분)와 혀가 닿는 소리 🄴🅇 [ʃ], [ʒ], [tʃ], [dʒ], [j], [r]
연구개음	연구개와 혀가 닿는 소리 🄴🅇 [k], [g], [w], [ŋ]
성문음	목의 좌우 성대가 닿은 후 틈 사이에서 공기가 새어 나오는 소리 🄴🅇 [h]

··○ 파열음 [p]와 [b] ○··

우리가 궁금한 이야기

> student : [p]와 [b] 발음은 그냥 우리말 ㅍ, ㅂ 아닌가요?
>
> rina : 아닙니다. 아닙니다.
>
> student : 보세요. 피~~~~~~~~~ 비~~~~~~~~~~~ 다 되잖아요?
>
> rina : ······
>
> student : 친구들도 쉽다 그랬는데… 이상하다.
>
> rina : 만약 '부대찌개'를 원어민 친구에게 말한다면?
>
> 그 친구는 'budae'인지 'pudae'인지 헷갈려할 거예요.
>
> student : 아 그런 적 있어요. 미국에서 온 친구를 데리고 부산에 갔을
>
> 때 'busan'인지 'pusan'인지 다시 물어보더라고요.
>
> rina : 그럼요. 한국식 발음으로 소리 낸다면 부대찌개인지 푸대찌개인지,
>
> 부산인지 푸산인지 원어민들의 귀에는 어렵게 들릴 수 있어요.
>
> student : 오호라 그럼 빨리 우리말과 영어의 [p], [b] 알려주세요!

Tip point!

[p] = 양순음 / 무성음 / 파열음

[b] = 양순음 / 유성음 / 파열음

[p] 발음법 : 우리말 'ㅍ'보다 입술을 더 세게 닫아주었다가 터뜨려 주세요.

[b] 발음법 : 우리말 'ㅂ'보다 입술을 가볍게 닫아주었다가 성대 울림과 동
시에 터뜨려 주세요.

— 폐쇄음이라고 들어보셨나요?

폐쇄음은 우리가 들이마신 공기가 입안에 머물었다가 입술이나 치조 혹은 연구개를 통해 터뜨리며 내는 소리입니다.

총 6개로 무성음[p, t, k]과 유성음[b, d, g]으로 구성되어 있습니다.

그중 /p/와 /b/는 입술로 터뜨리는 양순음인데요. 우리말로 양순 폐쇄음은 /ㅂ, ㅍ, ㅃ/ 그리고 영어로는 /p, b/가 됩니다. /p/는 무성음으로 입술을 닫은 상태에서 허파로부터 쑥 올라오는 소리이며, /b/는 유성음으로 성대를 진동시킵니다.

ⓔⓧ • pass	bass	
• put	but	

한번 읽어보세요.

유독 /p/ 발음은 단어의 첫 소리나 강세가 있는 모음 앞에서 /h/ 소리가 나는데요. 이렇게 음이 달라지는 친구들을 이음[ph](variants)이라고 합니다.

앞이 아닌 단어의 끝에 오는 /p/와 /b/는 입술이 붙어있는 상태에서 끝납니다.

꿀팁

무성음 [p]과 유성음 [b]

무성음[p]	유성음[b]	무성음[p]	유성음[b]
pack	back	pig	big
pet	bet	pear	bear
lap	lab	pup	pub

••• 파열음 [t]와 [d] •••

 우리가 궁금한 이야기

> student: 아니 /t/ 소리는 '티'만 있는 게 아니라면서요?
>
> rina: 그렇죠. [t] 발음은 /d/ 소리도 있고 /r/ 소리도 있어요.
>
> student: /d/ 소리와 /r/ 소리가 있다……뇨?
>
> rina: 그것뿐만 아니라 가끔은 소리가 생략되는 경우도 있답니다.
>
> student: 오 마이 갓. 하나의 발음도 어려운데… 이렇게 많이 배워야 하다니…
>
> rina: 걱정 말아요. 3가지 법칙만 알면 [t] 발음을 완전 정복할 수 있답니다.
>
> student: 3가지 법칙?! 빨리 비밀을 풀어주세요!

 Tip point!

[t] = 치경음 / 무성음 / 파열음
[d] = 치경음 / 유성음 / 파열음

[t] 발음법 : [t]는 혀의 앞쪽 부분이 안쪽 윗잇몸에 닿은 후 터뜨리는 소리로 우리말 'ㅌ'보다 세게 소리 내주세요.

[d] 발음법 : [d]는 [t]와 같은 방법으로 발음하지만 성대 울림을 더해주며 소리 내주세요.

　[t], [d] 발음은 한마디로 골칫덩어리죠. 예전 영어에 비해 /t/와 /d/ 특성의 소리가 점점 사라지고 있습니다.

　왜? 이유는 원어민(미국인)들의 편리한 발음을 위해서입니다.

영국식 발음으로는 아직까지 정확한 발음을 구사하지만 미국식 발음에서는 상당한 변화를 보이고 있는 추세죠. 아무래도 미국식 영어를 더 많이 사용하는 요즘은 미국식 발음으로 알고 가는 게 편리합니다.

어쨌건 영어는 다 배운 것 같아도 자꾸 새로 공부할 것들이 생겨납니다. 예전 영문법과 현재 사용되는 영문법이 조금씩 바뀌듯 영어 발음 또한 그러합니다. 참 피곤해요. 그죠? 하지만 반대로 생각해보면 요즘 우리말을 사용하는 친구들도 줄임말을 만들어 시대에 따른 변화가 있다고 생각하면 됩니다.

이 골칫덩어리 /t, d/의 몇 가지 규칙을 알고 나면 여러분들의 발음도 한결 업그레이드될 것입니다.

/t, d/는 우리말 'ㅌ, ㄷ'과 흡사하지만 미흡한 차이를 두고 있습니다.

🔊 2-01.mp3

① 완벽한 [t] 발음

stop, story, time, two, ten

위 단어들은 완벽한 /t/ 소리를 냅니다. 's'가 올 경우는 '스탑'이 아닌 '스따ㅂ'으로 강세가 강해지는 특징이 있습니다.

🔊 2-02.mp3

② /d/ 혹은 'ㄹ' 소리

better, duty, city, total, butter, letter

이런 단어들은 /t/보다는 /d/ 혹은 우리말 'ㄹ' 소리가 납니다. 특히 강세가 없는 음절에 't'가 있을 경우나 모음 중간에 있을 때 /d/ 소리가 납니다.

🔊 2-03.mp3

③ 묵음 [t] 발음

twenty, internet, interphone

알파벳 'n'이 't' 앞에 올 경우 't'는 묵음이 됩니다.

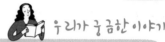

우리가 궁금한 이야기

> 원어민: **Excuse me, how to get to** 강남 **station?**
> (강남역에 가려면 어떻게 하죠?)
>
> student: **Gangnam sation?** (강남역이요?)
>
> 원어민: **Yes, I have to transfer at** 강남 **station.**
> (네, 강남역에서 갈아타야 해요.)
>
> student: **Oh! you have to take line number two.**
> (아! 2호선 타시면 돼요.)
>
> 원어민: **Thank you, anyway. Is it gangnam? Or kangnam?**
> (감사합니다. 그런데, 강남이에요, 캉남이에요?)
>
> student: 강남!
>
> 원어민: **I don't get it.** (잘 이해가 안 가요.)
>
> student: 캉남!
>
> 원어민: **O... Okay. Thank you. Take care.** (네…에… 고마워요.)

 Tip point!

[k] = 연구개음 / 무성음 / 파열음

[g] = 연구개음 / 유성음 / 파열음

[k] 발음법 : [k] 발음은 우리말 'ㅋ' 소리와 흡사하지만 혀를 안쪽 입천장
을 조금 세게 눌러주었다 터뜨리며 소리 내주세요.

[g] 발음법 : [g] 발음 역시 우리말 'ㄱ'보다 조금 더 강하게 눌러준 후 성
대 울림과 함께 소리 내주세요.

미국인이 길 물어본 적 살면서 한 번쯤은 있죠? 2호선 강남역에서 지하철을 내린다고 말했을 때 미국 친구는 우리의 '강남' 발음을 'gangnam'인지 'kangnam'인지 정확히 알아듣지 못한다고 합니다. 우리말 'ㄱ'은 앞에 올 때 [k] 소리로 들리고 중간에 올 때는 [g]로 들리기 때문입니다.

위 설명과 같이 두 발음을 우리말보다 조금 더 세게 눌러준 후 소리 낸다면 금방 터득할 수 있는 어렵지 않은 발음입니다.

🔊 2-04.mp3

① 단어 앞에 오는 'g'

girl, gas

단어 앞에 오는 'g'는 턱을 당기고 우리말 'ㄱ'보다 더 안쪽인 연구개음에서 나오는 소리입니다.

🔊 2-05.mp3

② 단어 중간에 오는 'g'

again, sugar, wagon

강세가 있는 음절은 강하게, 없는 음절은 약하게 소리 냅니다. 단어 중간에 [k]가 올 경우 우리말 'ㄲ' 소리가 납니다.

무성음 [k]과 유성음 [g]			
무성음[k]	유성음[g]	무성음[k]	유성음[g]
cold	gold	cave	gave
back	bag	lack	lag
무성음 [t]과 유성음 [d]			
무성음[t]	유성음[d]	무성음[t]	유성음[d]
to	do	tie	die
time	dime	neat	need

우리가 궁금한 이야기

> rina: 자, [f] 발음을 해보세요.　student: 에프!
>
> rina: 음… 다시 해볼게요.　student: 에쁘!
>
> rina: 쉽지 않죠? [f]와 [v]는 우리말에 없기 때문에 어려움을 겪는 분들이 많아요.
>
> student: 어떤 실수들이 있죠?
>
> rina: 예를 들자면, [f]를 우리말 'ㅍ'로 발음하거나, [v]를 'ㅂ'로 발음하는 경우가 대부분이죠. 공기가 나오는 소리임으로 절대 'ㅍ'나 'ㅂ'로 발음하면 안 돼요!
>
> student: 그럼 어떻게 해야 좋은 /f/, /v/ 소리를 낼 수 있죠?
>
> rina: 우리말을 사용하는 사람들이 가장 많이 실수하는, 바로 입술!에 신경 써주면 돼요. 윗니가 아랫입술에 내려갈 때 너무 세게 물면 공기가 자연스럽게 나갈 수 없게 돼요. 그래서 최대한 살짝, 자연스럽게 닿게 한 후 바람을 빼주는 게 포인트죠.

Tip point!

[f] = 순치음 / 무성음 / 마찰음

[v] = 순치음 / 유성음 / 마찰음

[f] 발음법 : 윗니로 아랫입술을 살짝 닿게 한 후 좁게 틈을 만들어 공기를 빼주며 소리 내주세요.

[v] 발음법 : 동일한 방법이지만 성대 울림을 주세요. 이때 입술에 진동도 함께 내주세요.

① 마찰음

입안에 있는 혀, 입술, 치아에 틈을 만들어 공기를 빼는 소리입니다. 좁은 공간을 통과하는 소리이기에 조금 오랫동안 발음되는데요.

영어에는 [f], [s], [z], [θ], [ð], [ʃ], [ʒ], [h]의 9가지의 마찰음이 있고, 그중 [f], [v], [θ], [ð] 발음은 우리말에는 없는 소리이기 때문에 많은 연습을 필요로 한답니다.

② 순치음

자음의 순치음에는 무성음/f/, 유성음/v/의 음이 있습니다.

순치음은 윗니로 아랫입술을 살포시 문 상태에서 좁은 틈 사이로 공기가 압축되며 입 밖으로 공기가 빠지는 소리입니다.

🔊2-06.mp3

③ 단어 **앞**에 오는 [f], [v]

free, food, feel, very, female, vote, verb

🔊2-07.mp3

④ 단어 **중간**에 오는 [f], [v]

often, coffee, office, different

🔊2-08.mp3

⑤ 단어 **끝**에 오는 [f], [v]

golf, five, have, half

🔊2-09.mp3

⑥ 단어에 **함께** 들어간 [f], [v]

fever, five, favorite, favor

∘∘∘ 마찰음 [s]와 [z] ∘∘∘

우리가 궁금한 이야기

"

student: 쌤! [s] 발음을 배우기 전에 힌트 주셔야죠.

rina: **tip point** 설명처럼 우리말 'ㅅ'와 비슷하지만 절~대 'ㅅ'이 아닙니다. 영어 발음 기호를 우리말로 바꾸는 건 조금 쉬운 설명을 위한 방법일 뿐, 영어와 국어는 같은 발음이 없습니다.

student: 아… 난 지금까지 우리말과 비슷한 대로만 공부했었는데…

rina: 그렇기 때문에 발음에 큰 발전이 없었던 거예요. 영어 발음을 터득하기 위해서는 '아! 영어와 국어 발음은 같은 게 없다!'부터 알고 시작해야 한답니다.

student: 오케이! 명심하겠사옵니다. 그럼 [s] 발음 힌트 주실 거죠?

rina: 그럼요. [s]는 우리말 'ㅅ'과 비슷하지만 많은 발음들이 'ㅆ' 소리를 갖고 있습니다.

student: 그럼 팁 포인트에 'ㅆ'라고 써주시지……

rina: 그건 다음 설명으로 넘어갈게요~!

"

Tip point!

[s] = 치경음 / 무성음 / 마찰음

[z] = 치경음 / 유성음 / 마찰음

[s] 발음법 : [s]의 발음법은 우리말 'ㅅ'을 발음법과 비슷합니다. 'ㅅ'을 발음한다 생각하면서 혀의 앞쪽을 윗니 끝 쪽인(치조)에 놓고 공기가 부딪치게 한 후 마찰음을 내주세요.

[z] 발음법 : [z]는 [s]와 동일한 방법 + 성대 울림을 함께 주세요.

① [s]가 강세가 <u>있을</u> 경우 '쓰' 소리가 납니다.

s̲ad, s̲it, s̲ample, s̲on, s̲our

[s]가 앞에 있을 경우 'sample'은 '샘플'이 아닌 '쌤프을'으로 발음하는 것처럼 'ㅆ' 소리로 바뀌게 됩니다.

② [s]가 강세가 <u>없을</u> 경우 'ㅅ' 소리가 납니다.

les̲s̲on, kis̲s̲, tennis̲, pas̲s̲, gras̲s̲

이처럼 강세가 없을 경우 'tennis'를 '테니쓰'가 아닌 '테니스'로 발음합니다. 하지만 마찰음 소리를 꼭 기억하세요.

③ [s] 뒤에 [t, k, p]가 올 경우 'ㄸ, ㄲ, ㅃ' 소리가 납니다.

s̲kate, s̲poon, s̲tand, s̲pring, s̲tep

윗 단어를 발음해보면 '스께잇ㅌ, 스뿌운, 스뗀ㄷ, 스쁘링ㅡ, 스뗍ㅂ'이 됩니다.

이번 여행은 파리 다녀왔어~!

'paris' 낭만의 도시죠.
언젠간 갈 수 있을 거라 굳게 믿으며! 'paris'를 영어로 읽으면 '패리스'가 됩니다.
우리는 '패리스'가 아닌 '파리'로 말하는데요. 왜 그런 걸까요?

프랑스어는 자음이 끝에 오면 발음을 생략해 주기 때문에 '파리'로 발음하게 되는데요.
그래서 우리말을 쓰는 사람들도 '파리'라고 발음한답니다.

영어권 나라에 가서는 '파리'가 아닌 '패리스'로 말해야겠죠?

∘∘∘ 마찰음 [θ]와 [ð] ∘∘∘

> student: 저 [θ]와 [ð] 발음은 자신 있어요! 노홍철처럼 하면 되는 거죠?
>
> rina: 오~ 그래요? 그럼 'think' 발음을 해보세요!
>
> student: (자신 있게) 씽크!
>
> rina: 좀⋯⋯⋯ [s] 소리 같지 않나요?
>
> student: 그런가? 다시 해볼게요. 씽~크!
>
> rina: 제 귀에는 'sink'로 들립니다만⋯
>
> student: 뭐가 문제일까요⋯?
>
> rina: 혀 모양에 문제가 있는 것 같은데⋯ 혀를 앞으로 살짝 뺏다가 윗니를 치면서 발음해 보세요.
>
> student: 띵크!
>
> rina: 설명 들어갈게요~ㅎㅎ

Tip point!

[θ] = 치설음 / 무성음 / 마찰음

[ð] = 치설음 / 유성음 / 마찰음

[θ] 발음법 : 혀를 윗니 앞으로 살짝 배준 후 다시 혀를 윗니 안으로 넣어줍니다. 이때 윗니와 혀의 사이로 공기를 빼주세요.

[ð] 발음법 : [θ] 발음과 같은 방법으로 성대 울림을 함께 주세요.

한창 유행이었던 노홍철의 'th' 발음… 기억나시나요? 그랬th여? 혀가 짧게 나는 소리입니다.

'th'는 두 가지 소리로 나눌 수 있는데, 그중 하나는 θ 그리고 ð으로 무성음과 유성음입니다.

무성음은 앞서 설명드린 것처럼 성대가 울리지 않고, 유성음은 성대가 울리는 소리인 거 다들 아시죠? 성대의 울림을 빼고는 발음 방법이 같다고 생각하면 됩니다. 혀끝을 이 사이에 대고 입 안쪽으로 당기면서 소리 냅니다.

우리말에는 혀를 밖으로 뺏다 넣는 발음이 없기 때문에 조금 어려울 수 있으니 많은 연습이 필요하겠습니다. 아무래도 우리말에 없는 소리이기 때문에 'think'를 'sink'로 발음하는 분들이 많습니다.

'th' 발음도 그때그때 조금 다릅니다.

① 강세가 <u>있는</u> 음절에서 [θ]와 [ð]

[θ]: no<u>th</u>ing, bo<u>th</u>, wi<u>th</u>, <u>th</u>ink, <u>th</u>irty, heal<u>th</u>, <u>th</u>ank, <u>th</u>ree, <u>th</u>ird

2-14.mp3

[ð]: <u>th</u>is, <u>th</u>ose, <u>th</u>en, <u>th</u>ey, clo<u>th</u>es, brea<u>th</u>e, mo<u>th</u>er

아래와 위 두 개의 앞니 사이로 혀끝을 부딪치면서 혀를 내밀며 소리 내주세요.

② 강세가 <u>없는</u> 음절에서 [θ]와 [ð]

혀를 앞 윗니 아래 끝쪽에 닿으면서 소리를 내주세요. (다소 약한 소리가 날 수 있습니다.)

— /t, d, n, l/ 다음에 올 경우 (❷ in the, all the): 혀 짧은 소리로 발음합니다. 노홍철 느낌으로요. 혀를 뺏다 넣어줘야겠죠?

— /s, z/ 다음에 올 경우(🔊 is this yours?, is there anybody?): 혀를 다 빼지 않습니다.
— 자음 뒤에 올 경우 (🔊 over the rainbow): 우리가 잘하는? 또박또박 읽기처럼 하나씩 단어를 발음합니다.

가끔 원어민들은 'th'의 발음 /ð/을 생략하는 경우가 있습니다. 앞에 단어와 뒤 단어를 이어서 발음할 때 생기는 현상인데요. this, they, there, them, that, the, than 등이 뒤에 나올 때 생략됩니다.

어떻게요?

🔊 2-15.mp3

- this = Is <u>this</u> yours?   /이지쓰/
- they = Are <u>they</u> your family?   /알레이/
- there = Is <u>there</u> a flower shop? /이제얼/
- them = You got <u>them</u>.   /유가렘/
- that = Is <u>that</u> yours?   /이젯/
- the = What's <u>the</u> matter?   /와써/
- than = It's bigger <u>than</u> yours. /비거렌/

마찰음 [h]

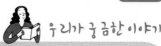
우리가 궁금한 이야기

rina: [h] 발음은 쉬운 발음에 속한답니다.

student: 우와 진짜요?

rina: 네. 우리말 'ㅎ'과 비슷한 소리지만 세 가지 규칙만 지켜준다면 더 편합니다.

student: 쉬운 발음이라더니…… 세 가지요?

rina: 생각보다 간단해요. 첫째, 단어에 다른 자음이 없을 경우 [h]로 발음합니다. 둘째, 자음이 'h' 앞에 있을 때는 소리가 달라지고 마지막으로 'h'가 맨 끝에 있을 땐 발음을 생략해주세요.

student: 어렵지 않네요! 세 가지만 기억하면 되는 거죠?

rina: 그럼 조금 더 볼까요?

Tip point!

[h] = 성문음 / 무성음 / 마찰음

[h] 발음법 : 입을 벌린 후 혀 뒤를 올려 공기를 막아줍니다. 빠르게 터뜨리면서 /h/ 소리를 성대 울림 없이 소리 냅니다.

영어 발음에서 [h]은 그나마 큰 어려움이 없는 소리입니다. (신난다!) 하지만 간혹 발음이 되지 않는 [h]가 있으니 이번에도 열심히 봐야 합니다.

[h]는 우리말과 비교하자면 'ㅎ'에 가까운데요. 발음할 때 성대에서 공기를 세어 나오게 해 주면서 길게 빼줍니다.

우리말 'ㅎ'는 /h/보다 짧고 약하게 소리 나기 때문에 이 점만 유의하면 금세 배울 수 있습니다.

Tip point에 설명한 데로 접속 위치가 성문음(glottal)인데요.

성문음은 우리 몸속에 있는 폐 속에서 공기를 성문을 압축시키며 내는 마찰음입니다. 성문은 우리 몸속 목젖 안쪽에 위치하고 있습니다. 성문음(glottal)은 무성 성문음(❷ hello)과 유성 성문음(❷ ahead)으로 나뉘며, 특히 유성 성문음은 자음이면서 모음 소리와 비슷합니다.

🎧 2-16.mp3

① 묶음이 되는 경우

whether, which, honor, herb, hour

🎧 2-17.mp3

② 소리가 나는 경우

happy, history, hill

🎧 2-18.mp3

③ 생략이 되는 경우

Is she, Is he

대명사(he, she, her, his, him)는 [h]를 생략합니다.

•∘∘ 마찰음 [ʃ]와 [ʒ] ∘∘•

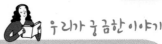
우리가 궁금한 이야기

> rina: [ʃ]는 삐진 것처럼(흥칫뿡) 입술을 쭉~ 내밀고 둥글게 만들어줘야 해요.
>
> student: 이렇게요?
>
> rina: 맞아요. 입술을 모아주고 딱 그 표정이면 된답니다.
>
> student: 그럼 [ʒ] 발음은요?
>
> rina: /ʃ/와 같은 방법으로 발음하지만 /ʒ/는 성대를 울려줘야 합니다.
>
> student: /ʃ/와 /s/랑 비슷한 소리 같아요.
>
> rina: /ʃ/는 우리말에 없는 소리이기 때문에 /s/와 혼돈될 수 있음을 기억! 또 기억해야 해요.

📝 Tip point!

[ʃ] = 경구개음 / 무성음 / 마찰음

[ʒ] = 경구개음 / 유성음 / 마찰음

[ʃ] 발음법 : 먼저 우리말 '쉬'를 내보세요. 다시 입을 더 동그랗게 해 준 후 '쉬~'를 해줍니다. 그리고 혀를 입천장 쪽으로 올린 상태에서 공기를 빼준다 생각하고 소리 내주세요.

[ʒ] 발음법 : [ʃ]와 같은 방법으로 앞쪽으로 공기가 빠질 때 성대의 진동을 주세요. [ʃ]와 달리 성대에 진동을 주기 때문에 혀가 조금 뒤쪽으로 가는 걸 느낄 수 있습니다.

우리말 '쉬~'와 비슷한 /ʃ/, /ʒ/는 'ㅅ'보다 혀의 위치가 더 높은데요. 풍선에서 공기가 빠진다 생각하고 발음하면 조금 더 편리합니다.

혼돈이 올 수 있는 점은 이 두 소리가 나는 경우가 다양하게 나누어져 있기 때문에 더 주의할 필요가 있습니다.

ⓐ2-19.mp3

[ʃ]의 다양한 소리			[ʒ]의 다양한 소리		
우리말	스펠링	단어	우리말	스펠링	단어
쉬	sh	<u>sh</u>e	져	sion	deci<u>sion</u>
수ㅔ	sh	<u>sh</u>are		sure	plea<u>sure</u>
슈	sh	<u>sh</u>oes	쥬	sual	u<u>sual</u>
샤	sh	<u>sh</u>opping	쥐	ge	massa<u>ge</u>
쇼	sh	<u>sh</u>ow			
셔	sh	<u>sh</u>irt			

참 다양하게 나누어져 있죠? 같은 스펠링임에도 불과하고 다른 소리를 가지고 있습니다. [ʃ]보다는 적지만 [ʒ] 또한 다양한 소리를 가지고 있습니다. 차이점은 스펠링이 다르다는 건데요. 조금 헷갈릴 수도 있는 이 단어들은 외워두는 것이 좋겠습니다.

유사 발음 [ʃ] & [s]

[ʃ]	[s]	[ʃ]	[s]
sheet	seat	shit	sit

···· 파찰음 [ʧ]와 [ʤ] ····

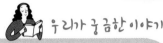 우리가 궁금한 이야기

> rina: 앞서 배운 [s][z] , [ʃ][ʒ] , [ʧ][ʤ] 이 세 가지를 보면 비슷하다는
> 느낌을 강하게 받을 수 있을 거예요.
>
> student: 맞아요. 세 가지가 조금씩 비슷해서 자꾸 헷갈려요.
>
> rina: [ʧ]는 '츄~!' 같은 소리가 나지만 항상 주의해야 하는데요.
> [s][z], [ʃ][ʒ]보다 짧게 끊어주면서 소리 내야 한답니다.
> 마치 'ㅈ'와 'ㅊ' 소리의 중간이라고 하면 될까요?
>
> student: 그럼 이 발음들도 다양한 소리를 가지고 있겠네요?
>
> rina: 그렇죠. 스펠링은 같지만 다른 소리를 내는 [ʧ][ʤ] 발음은 많은
> 노력과 시간이 필요한 소리입니다.
> 단어 샘플들로 발음 연습을 해보자고요!

 Tip point!

[ʧ] = 경구개음 / 무성음 / 파찰음
[ʤ] = 경구개음 / 유성음 / 파찰음

[ʧ] 발음법 : 우리말 'ㅈ'을 발음한다 생각해 주세요. 입술을 동그랗게 모아
준 뒤 혀 앞쪽을 윗잇몸으로 닿게 합니다. 그리고 혀끝을 아래
잇몸까지 내려주세요.
[ʤ] 발음법 : 같은 방법으로 성대의 울림을 함께 주세요.

앞서 배운 마찰음과 같이 파찰음도 여러 가지 소리를 갖고 있습니다.

2-20.mp3

[tʃ]의 다양한 소리			[dʒ]의 다양한 소리		
우리말	스펠링	단어	우리말	스펠링	단어
취	ch	lun<u>ch</u>	져	j g	<u>j</u>ust dan<u>g</u>er
추ㅐ	ch	<u>ch</u>annel	주ㅐ	j g	<u>j</u>am <u>g</u>entlemen
츄	ch	<u>ch</u>ew	쥐	g dg	ener<u>g</u>y knowle<u>dge</u>
챠	ch	<u>ch</u>arge	쟈	j g	<u>j</u>ob <u>g</u>iant
쵸	ch	<u>ch</u>ocolate	쥬	j d	<u>j</u>uice ju<u>dge</u>
쳐	ch tion	<u>ch</u>urch ques<u>tion</u>	죠	j	<u>j</u>oke

무성음 [tʃ]는 우리말 'ㅈ'과 비슷합니다. 이때 성대의 울림을 주면 유성음 [dʒ] 소리가 나는데요. 생각보다 많은 연습이 필요한 발음입니다. 발음할 땐 혀를 더 많이 올려준다고 생각해주고 진동을 더해 [dʒ] 발음을 한다면 혀가 더 뒤쪽으로 가는 것을 느낄 수 있습니다.

꿀팁

유사 발음 [tʃ] & [ʃ]			
[tʃ]	[ʃ]	[tʃ]	[ʃ]
chin	shin	cheap	sheep

●∘∘ 비음 [m], [n], [ŋ] ∘∘●

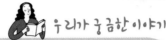
우리가 궁금한 이야기

rina: 혹시 콧소리 잘 낼 수 있나요?

student: 킁킁킁 콧소리는 왜요?

rina: 이번에 배울 발음은 콧소리가 엄청 중요한 역할을 하게 돼요.

student: 콧소리 하면 나야 나!

rina: 이번 과에서는 비음에 대해서 킁킁 알아보도록 하겠습니다. 자 콧소리 준비하시고~!

Tip point!

[m] = 양순음 / 유성음 / 비음

[n] = 치경음 / 유성음 / 비음

[ŋ] = 연구개음 / 유성음 / 비음

[m] 발음법 : 우리말 'ㅁ'을 발음한다 생각하고, 'ㅁ'보다 입을 살짝 세게 다물어 주세요.

[n] 발음법 : 우리말 'ㄴ'을 발음한다 생각하고, 'ㄴ'보다 혀를 윗잇몸에 더 밀착시켜주세요.

[ŋ] 발음법 : 우리말 'ㅇ'을 발음한다 생각하고, 혀 뒷부분을 입천장에 닿게 한 후 역시나 더 세게 소리 내주세요.

— 비음이란?

두 입술을 다물어 공기를 막은 후 공기가 비강을 통해 내보내지는 소리입니다. 쉽게 말해 '콧소리'라고 생각하면 편합니다.

비음에는 세 가지 종류가 있는데, 첫 번째로 양순비음[m], 두 번째 치조 비음[n] 그리고 세 번째 연구개 비음[ŋ]이 있습니다.

양순비음인 [m]은 그림과 같이 입술을 닫은 상태에서 성대를 진동합니다.

이때 코로 공기가 빠져나가면서 울리는 소리를 냅니다.

치조 비음인 [n]은 혀끝을 잇몸으로 닿게 한 후 공기를 차단한 후 성대를 울리면서 다시 코로 공기를 빼줍니다.

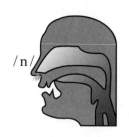

연구개 비음인 [ŋ]는 후설을 위로 올리고 공기를 차단한 후 성대의 울림과 동시에 코로 공기를 빼주며 소리 냅니다.

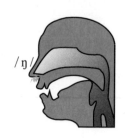

°∘° 운음 [w]와 [j] °∘°

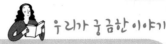
우리가 궁금한 이야기

"
rina: [wa:]와 [wi:] 읽어볼까요?

student: 와! 위!

rina: 짝짝짝! 틀렸어요. [wa:]는 '<u>우와</u>', [wi:]는 '<u>우위</u>' 이렇게 발음해 주세요.

student: 우와! 우위!

rina: 자! 그럼 거기서 '우와'에 '와'를 더 크고 길게 소리 내보세요.

student: 우와– 이렇게요?

rina: 그래요~! 바로 그 발음이에요. 그럼 같은 방법으로 이번에는 [ja:]를 읽어볼까요?

student: 이야–   rina: **Perfect!**

student: 지금까지 [wa:]를 '와'로만 발음해왔는데… 이렇게 발음하는 거였네요!
"

📝 Tip point!

[w] = 양순음 / 유성음 / 전이음

[j] = 경구개음 / 유성음 / 전이음

[w] 발음법 : 우리말 'ㅜ' 소리를 내보세요. 우리말 'ㅜ'보다 입술을 더 동그랗게 모아준 뒤 /u/ 소리를 냅니다. 이때 소리가 목 아래부터 나오게 해 주세요. 마지막으로 'ㅓ'로 끝내주세요.

[j] 발음법 : 우리말 '이~' 소리를 낸 후 혀를 입천장으로 올려주세요. [w]와 같이 'ㅓ'로 끝내주세요.

[w]는 우리말 'ㅜ'와 'ㅗ'의 소리를 모두 가지고 있지만 모음이 아닌 자음입니다. 슈와 소리가 약하기 때문에 'ㅜ'나 'ㅗ' 소리가 나게 됩니다.

가장 중요한 포인트는 입술 모양을 동그랗게 해주는 것인데, 더 쉽게 하자면 우리가 휘파람을 불 때의 입술 모양만큼 만들어주면 됩니다.

단어 'question'은 우리말을 사용하는 사람들이 자주 틀리는 발음 중 하나입니다. 원어민들 귀에는 '케스쳔'으로 들리는 경우가 많다고 하는데요. 'question'은 '케스쳔'이 아닌 '쿼ㅔs쳔'이 됩니다. 비슷한 단어 중 실수하는 'queen' 또한 마찬가지로 '퀸'으로 끝내지 말고 '쿠이인'으로 끊지 않고 부드럽게 한 번에 소리 내야 합니다.

year과 ear 여러분은 구분해서 발음할 수 있나요?

보통 [j] 발음은 /y/로 시작되는 경우가 많습니다. 대표적인 단어인 'year'이 있습니다. 이 발음 또한 실수가 잦은데요. 우리나라 사람들은 이 단어를 '이어' 혹은 '이얼' 2음절로 발음하는 경우가 대다수지만, 'year'은 1음절이니 끊지 않고 한 번에 발음해야 합니다. 우리말 '이'보다는 조금 약한 'ㅣ'로 시작한 후 혀끝을 잇몸 쪽으로 움직여 마무리합니다.

[w]와 같이 [j]도 한 번에 자연스럽게 소리 내야 합니다. 'year'과 비슷한 'ear'은 'ㅣ'로 시작하지 않고 '이'로 시작해 'ㅓ'로 마무리합니다. 그럼 'year'보다 더 강한 '이' 소리가 나게 되겠죠? 쉬운 단어지만 많은 충분한 연습이 필요한 단어이니 하루에 세 번씩은 발음해 보세요.

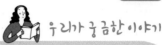
우리가 궁금한 이야기

rina: 드디어 올 것이 왔어요!

student: 윽…… 내가 제일 어려워하는 발음이다!

rina: 자신감을 가져요. 지금까지 잘하고 있어요.

student: rina! [r]만 들어가도 어려워요.

rina: 저도 제 이름 알려줬을 때 원어민들이 'lina' 혹은 'raina'로 이해
해서 곤란했던 적이 수도 없이 많아요. 그만큼 정말 [r]은 생각보
다 오랜 시간이 걸려요. ㅠㅠ

student: [r] 발음은 왜 해도 해도 어려운 걸까요?

rina: 우리나라 사람뿐만 아니라 일본 사람들도 힘들어하는 발음 중 하
나예요. 왜냐! 우리의 [r]은 /l/이니까…

 Tip point!

[r] = 경구개음 / 유성음 / 유음

[l] 발음법 : 혀끝을 윗니 끝 잇몸 위쪽으로 닿게 한 후 혀의 양 쪽을 통해
공기를 내보냅니다. 이때 성대 울림을 함께 주세요.

[r] 발음법 : 혀를 치조 쪽으로 올라가게 한 뒤 닿지 않은 상태에서 혀 끝
부분을 입천장 쪽으로 동그랗게 구부려줍니다. 이때 성대 울
림을 함께 주세요.

lice 라이스, rice 라이스? 한번 읽어보세요.

[l]와 [r]은 우리나라 사람들에게 가장 어렵다고 소문난 발음이죠. 한글에서 [l]과 [r]을 'ㄹ'로만 통일시켜 발음하기 때문인데요. 아무리 [l]과 [r]을 인식하고 발음해도 결국 'ㄹ'로만 발음되는 일이 대다수죠. 그래서 [l]과 [r]의 기본은 우리말 'ㄹ'과는 다르다는 것부터 알고 시작해야 합니다.

[l]은 자음 light [l]과 모음 dark [l] 두 가지 발음으로 나누어져 있습니다.

light [l]과 dark [l]의 차이는 이렇습니다. [l]이 모음 앞에 있을 경우 light [l], 그리고 모음 뒤에 있을 경우 dark [l].

- light [l] 발음법 : 혀끝으로 치경을 가볍게 치면서 소리 내주세요.
- dark [l] 발음법 : 혀끝을 치조 쪽으로 향하되 붙이지 않습니다.
  이때 혀를 동그랗게 말아 혀의 뒤쪽을 연구개 쪽으로 올려주세요.

dark [l]은 가벼운 light [l]과 달리 조금 무거운 발음이 됩니다. 바로 성대 울림이 혀의 뒷부분에서 울리기 때문이죠.

🔊 2-21.mp3

light [l] 발음 단어	dark [l] 발음 단어
like	milk
leaf	tool
land	real
lock	tell
lead	
long	
luck	

[r] 발음을 할 때는 혀끝이 입천장에 닿을 듯 말 듯 올려주신 후 혀의 양옆 부분까지 올려줍니다. 이때도 혀의 양옆 부분 또한 입천장에 닿지 않습니다.

r은 세 가지 발음으로 나뉜다는 사실, 알고 있나요?

자음, 모음, 이중모음

① 자음 r은 모음 앞에 있을 경우를 말합니다. ☻ red, read
r 앞에 모음이 없을 경우 입술을 모아준 상태에서 발음합니다.

② 모음 r은 r이 모음 뒤에 있을 경우를 말합니다. ☻ center, water
이때 입술을 조금 편 상태에서 발음합니다.

③ 이중모음 r은 모음 단어 발음에 이어 힘을 빼고 편하게 발음합니다.
☻ car, poor

또한, r은 스펠링이 두 개인 rr이 나올 때도 같은 소리를 냅니다.

r 단어 연습					
red	rude	real	robot	ribbon	rule
free	learn	word	world	story	tree
hour	tour	beer	store	poor	fur

꿀팁

유사 발음 [p] & [f]			
[p]	[f]	[p]	[f]
pool	fool	peel	feel
pull	full	pan	fan
pour	four	beep	beef
leap	leaf		

유사 발음 [b] & [v]			
[b]	[v]	[b]	[v]
ban	van	boat	vote
bent	vent	berry	very

영어 발음 비법 7단계

3
모음 기초

"쓰여있는 대로 읽는 게 전부는 아니랍니다."

입술과 혀와 혁을 사용할 수 있어야 하죠.
모음의 발음 비법을 확인해볼까요?

" 발음의 정석을 알려주마 "

발음
비법

3단계

3

모음 기초

영어에는 10개의 단모음과 5개의 이중모음이 있습니다.

단모음	이중모음
[iː]	[eɪ]
[ɪ]	[oʊ]
[e]	[aɪ]
[æ]	[aʊ]
[uː]	[ɔɪ]
[ʊ]	
[ɔː]	
[a]	
[ə+(ʌ)]	
[ə+(r)]	

모음 [i]와 [ɪ]

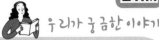

우리가 궁금한 이야기

> rina: eat과 it 발음을 구분할 수 있나요?
>
> student: 이잇! 잇?
>
> rina: 역시나 땡!
>
> student: 잘 모르게쒀요…ㅠㅠ
>
> rina: 길이만 길게 한다고 해서 원어민에게 완벽한 발음을 구사할 수 없어요.
>
> student: 그럼 해결책은요?
>
> rina: 모음은 혀의 모양이 굉장히 중요하기 때문에 혀를 집중 공략해야 해요! 그럼 텅트위스트 한번 해주고~! 시작합니다! 모음!

Tip point!

[i:] = 입술 : 일자로 퍼져있음 / 혀 : 전설 / 근육 : 힘(up)

[i:] 발음법 : 우리말 '이' 소리를 내주세요. 다시 입술을 더 퍼지게 한 후,
'이' 소리를 내주세요.

[ɪ] = 입술 : 퍼짐 / 혀 : 전설 / 근육 : 힘(down)

[ɪ] 발음법 : 먼저 혀와 턱을 조금 아래로 내리고 '이' 소리를 내주세요.
턱을 내리고 [ɪ] 소리를 냈을 경우 조금은 '에' 소리가 납니다.

모음을 공부하기 전에 '전설'에 대해 알고 가야 하는데요. 혀는 앞부분부터 시작해, 중간, 뒤쪽(전설, 중설, 후설)으로 나뉘어 있으며, 어떤 부위를 사용하나에 따라 발음을 구분할 수 있습니다.

또한 저모음, 중모음, 고모음으로 혀의 높이를 나눌 수 있습니다.

[i:] 발음은 조금만 연습해도 완벽한 발음을 구사할 수 있는 쉬운 모음입니다. 우리말 '이'와 매우 흡사하므로 '이' 소리를 내줄 때 양쪽 입술을 일자로 길게 찢어주면 됩니다. 그리고 우리말 '이' 발음보다 좀 더 힘을 주고 혀끝을 윗잇몸으로 닿도록 해주세요.

[ɪ]는 '이'도 아닌 '에'도 아닌 소리인데요. 꼭 턱을 내린다고 인식하기보단 자연스럽게 턱에 힘을 빼준다 생각한 후 연습해보세요.

🔊3-01.mp3

대표적 발음 단어		비슷한 발음 단어	
[i] 단어	[ɪ] 단어	[i] 단어	[ɪ] 단어
each	it	feel	fill
me	will	leave	live
see	live	sheep	ship
easy	wish	seek	sick
deep	if	cheap	chip
cheese	ill	beat	bit

꿀팁

유사 발음 [i:] & [ɪ]			
[i:]	[ɪ]	[i:]	[ɪ]
feel	fill	cheap	chip
deep	dip	lead	lid
eat	it	neat	knit
leave	live	seat	sit
sheep	ship	steal	still

우리가 궁금한 이야기

> rina: 우리말 모음인 '에'도 '애'도 아닌 발음 연습해 볼까요?
>
> student: 헉 저는 우리말 에랑 애도 구별 잘 못하는데요.
>
> rina: 진정하고! 에도 아니고 애도 아니다. 머릿속에 넣고 시작해요.
>
> student: 넵! 그럼 다른 나라들도 이 발음이 없나요?
>
> rina: 그렇죠. 우리나라를 비롯해 일본, 중국도 [æ]와 같은 소리는 없습니다.
>
> student: 그럼 우리만 힘든 게 아니었네요.
>
> rina: 네. 에와 애도 아니라고 했지만 혀와 입술 포인트만 잘 강조한다면 쉽게 이해할 수 있어요!

Tip point!

---

[e] = 입술 : 퍼짐 / 혀 : 전설 / 근육 : 힘(down)

[e] 발음법 : 우리말 '애' 소리를 내주세요. [e]는 강세가 있는 모음이라 조금 길게 발음해 주는 것이 특징입니다.

[æ] = 입술 : 퍼짐 / 혀 : 전설 / 근육 : 힘(down)

[æ] 발음법 : 우리말 '애' 소리를 내주세요. 이때 턱을 조금 아래로 내려줍니다.

---

[e]보다 턱이 더 내려가는 [æ]는 더 길게 소리가 나게 됩니다. 쉬운 [e] 발음에 비해 [æ]는 조금 더 신경을 써줘야 하는데요. 역시나 혀의 위치가 매우 중요하게 됩니다. 혀 끝 쪽은 입천장으로 올려주고 혀 앞쪽은 턱을 내림과 동

시에 아래로 내려주세요. 이때 윗입술이 찢어지게 되니 [æ]보다 입을 많이
벌린 상태가 유지됩니다.

		발음 연습		
bet	met	then	dead	set
bat	mat	than	dad	sat

아직 차이점을 잘 모르겠다면 아래의 발음을 보며 차이점을 생각해보고 다
시 발음해 보세요.

🔊 3-02.mp3

① bet = 밷   bat = 배앋
② set = 쌧   sat = 쌔앗
③ met = 맷   mat = 매앗

꿀팁

유사 발음 [ɪ] & [e]

[ɪ]	[e]	[ɪ]	[e]
bill	bell	lid	led
spill	spell	sit	set
big	beg		

유사 발음 [e] & [æ]

[e]	[æ]	[e]	[æ]
shell	shall	send	sand
bend	band	dead	dad
met	mat	pen	pan
men	man	head	had
bet	bat	wreck	rack

∘∘∘ 모음 [uː]와 [ʊ] ∘∘

> rina: **wood** 발음해 보세요.
>
> student: 우드
>
> rina: 그럼 이제 **would** 발음해 보세요.
>
> student: 우드
>
> rina: 스튜핏! 입모양과 혀의 움직임에 더 신경 쓰고 하는 거 잊지 마요!
> [uː]는 혀 가운데부터 뒤쪽 입천장까지 올려주고 발음하세요.
> [ʊ]는 좀 더 낮게 두고 툭 끊어서 소리 내봐요.
>
> student: 제 친구가 영국에서 공부하는데요. 좀 다른 발음인 것 같아요.
>
> rina: 영국식 영어는 **u**, **ew**, **eu**가 들어간 단어들은 [juː]로 발음해요.
> 이 뿐만 아니라 영국식과 미국식은 서로 다른 발음들이 많답니다.

📝 Tip point!

[uː] = 입술 : **오므림** / 혀 : **후설** / 근육 : **힘(up)**

[uː] 발음법 : 우리말 '우' 소리를 내주세요. 이때 입술을 조금 더 동그랗게
모은 뒤 혀의 가운데부터 뒤쪽까지 입천장으로 올린 후 발음
해 주세요.

[ʊ] = 입술 : **오므림** / 혀 : **후설** / 근육 : **힘(down)**

[ʊ] 발음법 : [ʊ]는 [uː]보디 혀를 더 낮게 두고 발음합니다. 우리말 '우'와
'어'의 중간 소리를 내주면서 짧게 끊어 발음해주세요.

우리말 '우'는 혀의 위치가 높은 소리로 영어로는 [uː]와 [ʊ]의 중간 소리입니다. [uː] 발음과 같이 [ʊ]도 입술을 동그랗게 모아줘야 하며 [uː]와 다르게 혀의 움직임을 줍니다.

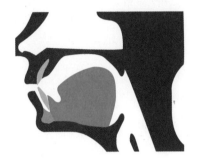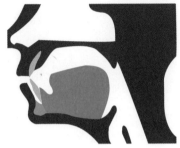

[uː]	[ʊ]
fool	full
soon	foot
new	good
cool	wool
too	put
food	took

꿀팁

유사 발음 [uː] & [ʊ]			
[uː]	[ʊ]	[uː]	[ʊ]
pool	pull	fool	full

··· 모음 [ɔ:]와 [a:] ···

 우리가 궁금한 이야기

> student: 쌤 [ɔ:]와 [a:] 발음은 좀 어려운 거 같아요.
>
> rina: 그렇죠.
>
>   우리말 어와 아 소리보다 혀 뒤쪽에서 소리가 나게 되니까요.
>
>   [ɔ:]는 혀의 뒷부분이 더 뒤로 넘어가게 되면서 발음하게 됩니다.
>
>   그리고 마지막에 긴장을 풀어줘야 해요.
>
> student: 이 발음도 우리말에 없는 소리인가요?
>
> rina: 네~ 우리말에는 없는 소리이기 때문에 혀와 입술의 긴장도가 더
>
>   강하게 들어가게 되기 때문에 많은 연습이 필요합니다.

Tip point!

[ɔ:] = 입술 : 오므림 / 혀 : 후설 / 근육 : 힘(up)

[ɔ:] 발음법 : 우리말 '어' 소리를 내주세요. 다시 턱을 더 내리고 입술을 조
   금 오므린 후 '어' 소리를 내주세요.

[a:] = 입술 : 퍼짐 / 혀 : 중설 / 근육 : 힘(down)

[a:] 발음법 : 우리말 '아' 소리를 내주세요. 다시 입을 더 크게 벌리고 '아'
   소리를 내주세요.

[ɔː]는 우리말에 없는 소리입니다. 우리말을 사용하는 사람들이 자주 실수하는 발음 중 하나죠.

보통 [ɔː] 소리를 우리말 '어'와 가장 비슷하다고 하지만, '어' 소리와 동시에 입모양은 우리말 '오'로 발음해야 하기 때문에 잦은 실수가 있습니다. 머릿속에는 '어'로 생각되어 있지만 입모양을 '오'로 해야 하는 게 우리에겐 쉽지 않죠. 항상 두 번 생각해야 하는 발음이랄까요? 이 두 발음까지 마스터하게 된다면 여러분은 굉장한 영어의 고수가 되는 거나 다름없습니다.

🔊 3-04.mp3

① [ɔː]

coffee	caught	warm	war
cross	all	jaw	

🔊 3-05.mp3

② [aː]

box	pop	top	stop
shot	lot	father	

꿀팁

유사 발음 [æ] & [ɑː]			
[æ]	[ɑ]	[æ]	[ɑ]
pad	pod	tap	top
cap	cop		

모음 [ə+(ʌ)]와 [ə+(r)]

우리가 궁금한 이야기

> rina: [ə] 슈와(schwa)를 알고 있나요?
>
> student: 슈와 네. 우리말 '어' 아닌가요?
>
> rina: 우리말 '어'와 '_'의 중간이라고 생각하면 돼요.
>
> 슈와는 영어에서 정말 중요하고 많이 쓰이는 발음이에요.
>
> student: 주로 어디에 쓰이는 거죠?
>
> rina: 단어에 강세가 없을 시 모음 a, e, i, o, u이 [ə]로 발음되기 때문
> 이죠.
>
> student: 아하! 그럼 슈와 발음을 빨리 터득해야겠다.
>
> rina: 그뤠잇!

Tip point!

[ə] = 입술 : 퍼짐 / 혀 : 중설 / 근육 : 힘(down)

[ə] 발음법 : 우리말 '어' 소리를 내주세요. 다시 혀를 살짝 올리면서 힘을
빼고 '어' 소리를 내주세요.

[ʌ] = 입술 : 퍼짐 / 혀 : 중설 / 근육 : 힘(down)

[ʌ] 발음법 : [ə] 발음보다 혀를 조금 더 내리고 소리 내주세요.

[ə]와 같은 발음법을 가진 [ʌ]는 강세가 있고 없고의 차이로 보시면 됩니다. 강세가 있는 [ʌ]는 [ə]보다 힘이 들어가고 턱이 조금 아래로 내려가면서 혀도 따라갑니다. 강세가 없는 음절에만 나오는 [ə]는 [ɪ]와 [æ] 소리라도 강세가 없는 위치에 있게 되면 [ə] 소리가 납니다. (🌀 [ɪ] = classes / [æ] = have, and(기능어))

ə+(r) = [ə] 발음에 혀를 살짝 올리면 OK!

슈와음 [ə]에 r을 더하는 것인데요. 입천장 쪽으로 혀를 올려주는 것을 r-음화(rhotacization)라고 합니다. 영국식은 미국식과 다르게 [r] 발음을 장음으로 소리 내고 미국식은 [r]에 리듬을 넣기 때문에 조금씩 차이가 있을 수 있습니다. 포인트는 혀를 입천장으로 올리지만 닿지 않게 주의해주세요.

🔊 3-06.mp3

● 발음 연습

color	baker	better	doctor
farmer	actor	matter	

꿀팁

유사 발음 [ʌ] & [ɔː]

[ʌ]	[ɔː]	[ʌ]	[ɔː]
cut	caught	lung	long
bus	boss	sung	song

∘∘∘ 이중 모음 [eɪ] ∘∘∘─────

우리가 궁금한 이야기

> rina: [eɪ] 발음은 생각보다 간단한 거 같아요. 다섯 개의 이중모음처럼
> 앞을 강조해주고 뒤를 살짝쿵 가볍게 끊어주면 되니까요.
>
> student: 에-이~!
>
> rina: 좋아요. 그렇지만 에-이.처럼 자꾸 따로 발음하는 습관을 버려야
> 해요. 한국 사람들의 특성이죠.
>
> student: 그럼 쉬운 점은 없나요?
>
> rina: 이중 모음은 우리말 발음과 매우 흡사해서 두 개를 동시에 이어주
> 는 부드러움만 지켜주면 금방 배울 수 있답니다.
>
> student: 그럼 이중 모음부터 배울걸…
>
> rina: -_-

📝 Tip point!

[eɪ] = 입술 : 퍼짐 / 혀 : 전설 / 근육 : 힘(up)

[eɪ] 발음법 : 우리말 '에이' 소리를 내주세요. '에이' 중 첫 '에' 소리를 더 크
고 길게 소리 내면서 '이'를 짧고 부드럽게 끊어주세요.

— [eɪ] 발음 연습

> ● [eɪ] 발음 연습 ①
>
> April   rain   day   away

[eɪ]는 이중모음으로 음절은 1음절입니다. [e]는 [i]와 [l]보다 입을 조금 더 벌려주고 혀는 위어금니에 살짝 닿게 둡니다. 이어 [l]으로 가볍게 이동해 짧게 끝내주세요.

— [eɪ]와 [e]의 차이점

① 혀의 위치: [e]는 [eɪ]보다 혀의 위치가 더 낮습니다.
② 입술 모양: [eɪ]보다 [e]가 입이 더 벌어집니다.
③ 힘: [e]는 혀에 힘이 들어가지 않습니다.

● [eɪ] 발음 연습 ②	
[eɪ]	[e]
able	else
age	edge
eight	met
say	bed
prey	let
break	when
bake	fell

∙∘∙ 이중 모음 [oʊ] ∙∘∙

우리가 궁금한 이야기

> student: 쌤! [oʊ] 발음 잘하는 팁 좀 주세요.
>
> rina: [oʊ]는 리듬~이 중~요해요.
>
> student: 리~듬을~~ 어떻~게에 탈~까아요오?
>
> rina: 앞을 크게! 뒤를 짧게!
>
> student: 어우?
>
> rina: **That's nono**. 뒤를 짧고 작게요. 어오우
>
> student: 으~길다.
>
> rina: 절대 오!로 끝내면 no! 끝 음까지 작지만 적당히 내주세요!

📝 Tip point!

[eɪ] = 입술 : **오므림** / 혀 : **후설** / 근육 : **힘(up)**

[eɪ] 발음법 : 우리말 '어' 소리를 내보세요. 다시 입술을 오므린 상태로 '어' 소리를 낸 후 조금 작게 '우'로 마무리합니다.

입모양을 많이 오므려 주는 것이 포인트인 [oʊ] 발음은 듣기보다는 말할 때 실수가 일어나곤 합니다. 이유는 '오우'까지 소리 내줘야 하는 발음인데 우리 말을 사용하는 사람들은 '오-'에서 끝날 때가 많기 때문이죠.

3-09.mp3

[oʊ] 단어				
road	November	bow	toe	vote
boat	most	both	roll	both
old	so	over	soul	go no

생각보다 많은 단어에 들어가 있는 [oʊ]입니다. go, no, so 어떻게 읽으셨나요? 고, 노, 쏘로 발음했다면 원어민들은 으잉? 이런 표정을 보이게 될 겁니다.

고 → 고우   노 → 노우   쏘 → 쏘우

이런 간단하고 자주 쓰이는 단어부터 연습해야겠습니다.

꿀팁

유사 발음 [oʊ] & [ɔ:]			
[oʊ]	[ɔ:]	[oʊ]	[ɔ:]
low	law	boat	bought
coat	caught	own	on
woke	walk		

∘∘∘ 이중모음 [aɪ] ,[aʊ], [ɔɪ] ∘∘●

우리가 궁금한 이야기

> student: 마지막 이중모음이네요.
>
> rina: 아니 벌써!! 이중모음을 정리해 보자면 단모음과 다르게 한 음절이 쭈~욱 자연스럽게 발음되면서 조음이 되는 음이랍니다.
>
> student: 단모음은… 아니었나요?
>
> rina: 아니 여태 뭘 공부한 거죠?ㅋㅋㅋ 단모음은 발음할 때 음이 바뀌지 않는 거죠 ㅠㅠ
>
> student: 아 맞다!!
>
> rina: 이제 잊어버리면 안 돼요! 이 느낌 그대로 마지막 이중모음 go go!

Tip point!

[aɪ] = 입술 : 퍼짐 / 혀 : 중간 → 앞쪽으로 / 근육 : 힘(down)

[aɪ] 발음법 : 우리말 '아이' 소리를 내보세요. 다시 '아이' 중 '아'를 더 크고 길게, '이'는 짧게 소리 내주세요.

[aʊ] = 입술 : 오므림 / 혀 : 뒤쪽 → 앞쪽으로 / 근육 : 힘(down)

[aʊ] 발음법 : 우리말 '아우' 소리를 내보세요. 다시 [aɪ]와 같은 방법으로 '아'를 크고 길게 '우'에서 약하게 소리 내주세요.

[ɔɪ] = 입술 : 오므렸다 퍼짐 / 혀 : 뒤쪽 → 앞쪽으로 / 근육 : 힘(down)

[ɔɪ] 발음법 : 우리말 '오이'를 소리 내주세요. 같은 방법으로 '오이' 중 '오'를 크게 '이'를 짧게 발음합니다.

이중모음을 쉽게 이해하기 위해서는 한 음절로 발음된다는 것과 앞의 음이 더 크고 길게 소리 난다는 것만 기억하면 됩니다.

3-10.mp3

— [aɪ] 단어

입을 벌린 후 '아' 소리를 세게 내 준 후 [ɪ]로 자연스럽고 약하게 끝내주세요.

ⓩ ride   high   fire   shy   five   die

— [aʊ] 단어

[aʊ]는 [aɪ]와 같은 /a/ 소리로 시작해 /ʊ/ 소리를 내는데, 이때 입술을 재빨리 오므린 상태로 끝내주세요.

ⓩ down   hour   out   brown   cow   town

— [ɔɪ] 단어

/ɔ/로 시작해 [ɪ]로 빠르게 이동해 줍니다.

ⓩ toy   boy   loyal   join   boil   soy

어학연수를 가면 영어가 될까?

예전과 다르게 요즘은 어학연수가 대세죠. '너도 나도 간다.' 시대라고 말해도 과언이 아닌데요. 과연 어학연수나 워킹홀리데이를 다녀오면 영어 말하기, 듣기 그리고 발음이 완벽해질 수 있을까요?

짧은 1~2년의 어학연수를 다녀온 친구들을 보면 오히려 한국에서 틈틈이 영어 공부를 해온 친구들과 별반 다를 게 없어 보입니다. 아주 간혹 몇몇은 생각보다 자연스러운 영어를 구사할 수 있는 능력이 생기는 반면, 어학연수나 워킹홀리데이 이후 다시 수업을 찾아온 학생들은 큰 변화를 보지 못했습니다. 사실 영어가 늘지 않고 되돌아오는 이유는 매우 간단합니다.

영어로 대화하는 시간이 적다.

→ 영어와 그 나라의 문화를 배우고 싶어 찾아간 곳이지만, 막상 지내다 보니 좋지 않은 발음과 짧은 영어에 자신감을 잃게 되는 점.

→ 워킹홀리데이에서 일하는 시간들 때문에 영어를 듣고 말하는 시간이 생각보다 적은 점.

→ 문화의 차이로 쉽게 원어민들과 어울리지 못하는 점.

→ 학교에서도 ESL(english second language) 수업에 동양인들이나 한국인들이 대부분인 점.

이렇게 될 경우, 영어로 소통을 할 수 있는 사람은 선생님인데요.

보통 ESL 수업을 오랫동안 맡아오는 경우, 원어민이지만 각각 나라의 발음 차이점을 알기에 정확한 발음이 아니더라도 충분히 이해할 수 있는 상황이 됩니다.

외국뿐만 아니라 한국에서 영어 수업을 해온 원어민 선생님들도 같다고 보시면 됩니다. 그렇게 되면 선생님은 그 학생들에게 천천히 이야기를 하고 정확한 발음을 올바르게 바꿔주는 타이밍을 놓치게 됩니다. 결국 우리나라에서도 충분히 배울 수 있는 수준의 영어를 구사하게 되는 것이죠.

개인적으로 추천해 드리는 올바른 어학연수와 워킹홀리데이의 방식은, 영어를 잘하지 못해도 계속해서 부딪혀야 하고 최대한 한국 친구들을 멀리하여, 그리 길지 않은 시간을 그 나라 사람들과 어울리고 살아야 하는 것입니다.

처음으로 혼자서 시작하는 외국생활은 생각보다 외로울 수도 힘들 수도 있습니다. 하지만 큰 결심을 하고 다녀오는 곳인 만큼, 우리나라에서는 할 수 없는 최상의 조건을 감사히 받아들이고 더 열심히 부딪혀 보는 건 어떨까요?

영어 발음 비법 **7단계**

4

자음 정복

"thank you는 땡큐일까요?"

지금까지 발음했던 습관을 모두 버려야 해요.
새롭게 자음을 정복해 보자고요!

" 발음의 정석을 알려주마 "

발음
비법

4단계

4

자음 정복

우리말에 없는 자음을 알아보겠습니다.

우리말에 없는 자음 = /f/ /v/ /θ/ /ð/

물론 이 발음들이 우리말에 없기 때문에 어려운 것일 수도 있지만 영어권 사람들이 우리보다 혀를 많이 사용하기 때문일 수도 있겠습니다.

/f/ /v/를 발음할 때는 윗니와 아랫입술 사이에서 나는 소리입니다. 우리말에는 없겠죠.

/θ/ /ð/는 윗니와 아랫니 사이에서 나는 소리인데요. 이때 혀를 다시 안으로 들어가게 만들면서 나오는 소리가 됩니다.

/l/ /r/은 'ㄹ'로 알고 있지만 사실 많은 차이가 있습니다. /l/은 혀끝을 윗니 뒤쪽의 잇몸으로 밀착시켜야 하는데요, 이때 공기가 혀 사이로 나가면서 'ㄹ' 소리를 나게 합니다.

/r/은 혀를 입안 어느 곳에도 닿지 않게 한 후 입을 오므리며 혀끝을 세운 상태로 발음합니다.

파열음 [p]와 마찰음 [f]

주로 [f] 발음을 해야 하는 상황에서 [p] 발음을 하며, [p] 발음에서 [f]로 발음한 적 많으시죠?

우리말에 없는 [f] 발음을 정확히 하기 위해선 윗니와 아랫입술을 사용하는 연습을 충분히 해야 합니다.

> ― 파열음 /p/와 마찰음 /f/의 차이
>
> /p/는 ㅂ, ㅃ, ㅍ의 소리를 모두 가지고 있습니다.

[p]는 두 입술을 오므린 상태에서 공기를 차단시킨 후 터뜨리는 소리입니다. 우리말에 [p] 발음이 있지만, 이 세 가지 발음을 모두 구사해야 하기 때문에 어려움을 가지고 있었는지 모릅니다.

- [p] : 두 입술 터뜨리기(파열음)
- [f] : 윗니와 아랫입술 사이의 마찰

 연습해 볼까요?

▷▶▷ 다음 단어를 소리 내어 읽어보세요.

🔊4-01.mp3

① fair 타당	pair 짝
② fast 빠른	past 지난
③ fear 두려운	pear 배
④ feel 느끼다	peel 벗기다
⑤ fool 바보	pool 수영장
⑥ full 가득 찬	pull 당기다
⑦ face 얼굴	pace 속도
⑧ fill 채우다	pill 알약
⑨ fork 포크	pork 돼지고기

우리말에 없는 자음 [v] [f]

[v]와 [f]의 발음법은 매우 비슷합니다. [v]는 아랫입술을 윗니에 대야 하는데, 성대의 울림 또한 사용해야 합니다.

이렇게 성대에 울림이 들어가느냐 아니냐에 따라 [v] [f]의 발음법을 구별하면 됩니다.

아래는 우리말을 사용하는 사람들이 자주 실수하는 발음들입니다.

  연습해 볼까요?

▶▶▶ v 발음에 성대울림을 넣어 다음 단어들을 읽어보세요.

🔊4-02.mp3

① very 매우   berry 열매
② vote 투표   boat 보트
③ van 밴   ban 차단하다
④ vent 배출하다   bent 휘어진

 무성음 [θ]

[θ]는 우리에게 가장 어려운 발음이기도 한데요. 'thank you!' 여러분이 자주 쓰는 이 문장을 쌩큐로 읽나요? 아니면 땡큐?

th의 소리는 /θ/ /ð/입니다.

/ð/는 'ㄷ', /θ/는 'ㅅ ㄸ ㅆ' 소리가 납니다. 쉬운 방법은 s = ㅆ, θ = ㅅ으로 기억하면 됩니다. 그리고 θ를 'ㄸ'으로 발음하는 습관을 버려야 합니다.

[θ]는 혀를 윗니를 통해 조금 나오게 해 준 후 혀끝을 입 안쪽으로 당겨 윗니와 혀를 마찰시켜 소리를 냅니다.

▷▷▷ 다음 단어를 소리 내어 읽어보세요.

🔊4-03.mp3

① theme 주제   seem ~같다
② think 두꺼운   sick 아픈
③ thin 얇은   sin 죄
④ think 생각하다   sink 싱크대
⑤ thought (think)의 과거 sought (seek 찾다)의 과거
⑥ thumb 엄지손가락 sum 합계
⑦ thank 감사한   tank 탱크

/t/는 'ㅌ ㄸ ㄷ' 모두 포함되어 있습니다.

 유성음 [ð]와 무성음 [θ]

[ð]는 우리말로 'ㄷ'이라 생각하시고요. [θ] 또한 성대에 울림을 주면 [ð] 소리가 납니다.

/f/ /v/는 마찰 후 터지는 느낌이라면 /θ/ /ð/는 혀가 공기를 막기 때문에 stop되는 소리가 납니다.

▷▷▷ 다음 단어를 소리 내어 읽어보세요.

🔊4-04.mp3

① there 거기에   dare 감히 ~하다
② their 그들의   dare 감히 ~하다
③ then 그때   den 굴

④ though ~인데도   dough 반죽
⑤ they 그들   day 날

their과 there은 같은 발음입니다. though와 dough도 주의하셔야겠습니다.

🔊 4-05.mp3

마찰음 /θ/ /ð/로 끝나는 단어	
bo<u>th</u> 둘 다	bo<u>ss</u> 상사
clo<u>th</u> 옷	clo<u>se</u> 가까운
dea<u>th</u> 죽음	dea<u>d</u> 죽은
fai<u>th</u> 믿음	fa<u>ce</u> 얼굴
mou<u>th</u> 입	mou<u>se</u> 생쥐
pa<u>th</u> 길	pa<u>ss</u> 통과하다
ten<u>th</u> 10번째	ten<u>se</u> 시제
tru<u>th</u> 진실	tru<u>ce</u> 정전
weal<u>th</u> 재물	well<u>s</u> 우물들
you<u>th</u> 젊음	u<u>se</u> 사용

🔊 4-06.mp3

유성음 ð로 끝나는 단어

brea<u>th</u> 숨 쉬다   smoo<u>th</u> 부드러운   ba<u>the</u> 목욕하다   wi<u>th</u> 함께

→ 모두 혀끝이 윗니 앞에서 시작하는 발음들

유성음 [r]

[r] 발음은 우리말로 '르'로 표기되어 있지만 /l/ 또한 '르'이기 때문에 문제가 생기곤 하죠. [r]의 가장 정확한 소리는 입을 오므리고 혀가 입안 천장에 닿지 않는 연습을 해주는 것이 좋습니다.

유성음 [l]

우리말 '르'을 소리 낼 때 혀가 천장에 닿는다는 걸 알 수 있습니다. [r]과 다르게 [l]은 혀가 천장에 닿는다는 건데요. [l]로 시작하는 단어는 혀끝을 윗니 뒤쪽 잇몸에 붙인 후 시작하는 게 좋습니다.

'plaza' 'cleaning'을 우리말로 '프라자' '크리닝'이라 표기해 두는 경우를 종종 봤는데요. 'plaza'는 플라자 'cleaning'은 클리닝으로 발음해야 하겠죠?

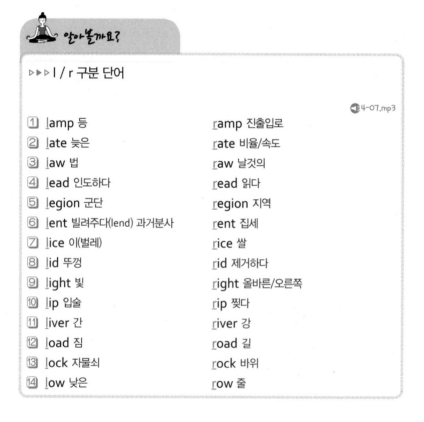

알아볼까요?

▷▷▷ l / r 구분 단어

🔊4-07.mp3

① lamp 등	ramp 진출입로
② late 늦은	rate 비율/속도
③ law 법	raw 날것의
④ lead 인도하다	read 읽다
⑤ legion 군단	region 지역
⑥ lent 빌려주다(lend) 과거분사	rent 집세
⑦ lice 이(벌레)	rice 쌀
⑧ lid 뚜껑	rid 제거하다
⑨ light 빛	right 올바른/오른쪽
⑩ lip 입술	rip 찢다
⑪ liver 간	river 강
⑫ load 짐	road 길
⑬ lock 자물쇠	rock 바위
⑭ low 낮은	row 줄

탄설음

bottle, butter, better 등의 단어(엑센트가 없는 단어)는 [r] 발음이 납니다.

bottle	/바틀/ (X)	/바를/ (O)
butter	/버터/ (X)	/버러/ (O)
better	/베터/ (X)	/베럴/ (O)

원래 이 발음들은 /t/ 혹은 /d/ 발음이지만, /r/ 소리를 들어보신 적이 많으실 겁니다. 영국식 영어가 아닌 미국식 영어인데요. /t/와 /d/는 공기를 막았다가 터뜨리는 소리지만 엑센트를 생략하니 혀끝을 잇몸에 닿게 한 후 떨어뜨리기 때문에 이러한 소리가 납니다.

🔊4-08.mp3

/r/ 발음이 나는 t, d					
city	Saturday	photo	water	better	bitter
matter	letter	pretty	bottle	battle	little
settle	title	ready	study	lady	cloudy
needle	middle	noodle			

강세가 있을 경우 /r/ 소리가 나지 않습니다.

— 세 가지 자음

단어의 앞부분에서 자음이 중복되는 경우 세 번째 자음에 모음이 연결되므로 세자음 모두 소리를 갖지만 중간 또는 마지막 부분에 자음이 세 개가 겹치면 중간 자음은 발음이 생략됩니다.

🔊4-09.mp3

🎯 last name /라스트네임/ (X)　　　/래스네임/ (O)

perfectly /펄펙글리/　　　directly /디뤡글리/

exactly /익잭글리/　　　next week /넥스윅/

best friend /베스프렌드/

't'가 생략되었죠?

— 두 가지 자음

ⓒ4-10.mp3

✱ 두 자음이 한 자음으로 발음되는 경우
 y로 시작하는 단어가 뒤로 올 때 t, d, s, z는 쥬-츄 소리가 납니다.

1️⃣ can't you /캔츄/   don't you /돈츄/   meet you /미츄/
2️⃣ could you /쿠쥬/   did you /디쥬/   would you /우쥬/
3️⃣ miss you /미슈/   kiss you /키슈/

1️⃣은 t와 y가 '츄' 발음을 나오게 하여 캔트유가 아닌 캔츄가 됩니다.

2️⃣의 could you는 d와 y가 '쥬' 발음을 나오게 하여 쿠드유가 아닌 크쥬가 되고요.

3️⃣의 miss you는 s와 y가 '슈' 발음을 나오게 하여 미쓰유가 아닌 미슈가 되는 것입니다.

✱ /f/ /v/ /θ/ /ð/ 소리로 끝나는 단어 뒤 y가 오는 경우

with you /위뜌/   if you /이퓨/   have you /해뷰/

✱ /s/ /z/ 소리로 끝나는 단어 뒤에 sh가 오는 경우 발음을 생략

dress shop /주뤠샵/   since she /씬쉬/
is she /이쉬/   does she /다쉬/
→ /다쉬/ 끝 자음이 유성음일 경우 모음을 길게 발음한다.

pick과 pig의 발음, 비슷하지 않나요? 구분해 보겠습니다.

pick /픽/   pig /피익/

미국인들은 모음의 길이로 단어를 구분하는데요. /k/는 무성음이고 /g/는 유성음이기 때문에 좀 더 길게 발음해 주면 됩니다.

① foo**t**	/풋/		foo**d**	/푸웃/	
② loc**k**	/락/		lo**g**	/라악/	
③ duc**k**	/덕/		du**g**	/더억/	
④ bu**t**	/벗/		bu**d**	/버엇/	
⑤ ta**p**	/탭/		ta**b**	/태앱/	
⑥ ca**p**	/캡/		ca**b**	/캐앱/	
⑦ la**p**	/랩/		la**b**	/래앱/	

4-11.mp3

'ed'는 무성음에서 /t/, 유성음에서 /d/, /d, t/에서 /id/로 발음합니다

'ed' 발음에 어려움을 겪었을 때가 많을 텐데요. 'ed'는 동사의 마지막 소리에 따라 발음이 변합니다. 가끔은 /t/ 혹은 /d/로 말이죠.

picked 픽트   /t/ = 'k'는 무성음이기 때문에

climbed 클라임드   /d/ = 'b'는 유성음이기 때문에

/t/와 /d/의 단어들을 더 살펴보시죠.

4-12.mp3

/t/		/d/	
stopped	/스땁트/	hugged	/허억드/
dropped	/주랍트/	grabbed	/그뢥드/
looked	/룩트/	robbed	/롸압드/
talked	/탁트/	clogged	/클락드/

가끔 뒤 'ed' 발음이 '트', '드'가 아닌 다른 소리가 나는 경우도 있는데요. 예를 들어 'limited' 리미릿에서 릿으로 끝나는 경우입니다.

모음 사이에 오는 /t/와 /d/는 /id/ 소리가 납니다.

needed 니릿   noted 노우릿   visited 비지릿
ended 엔딧   headed 헤릿   dated 데이릿

그리고 n 뒤에 t는 사라집니다.

printed 프뤼닛   planted 플래닛
counted 캬우닛   pointed 포이닛

 반자음(semiconsonat)

반자음이란? 반모음(semivowel)이라고도 합니다.

> ■ [j] (영어의 you[ju:], 국어의 야[ja], 여[jə] 등)와 [w] (영어의 work
> [wə:k], 국어의 와[wa], 워[wə]), 그리고 [ç] (프랑스어의 nuit[nçi]) 등이
> 여기 속한다.
>
> 이 소리들의 조음적(調音的)인 특징은 음향학적인 면에서 나타나는데,
> 첫째, 명확하게 정의되는 포르만트의 구조가 나타나지 않으므로 모음과
> 구별되며(非모음성), 둘째, 구강 통로의 폐쇄가 없으므로 나타나는 스펙
> 트럼 상의 에너지의 출현으로 인하여 자음과 구별된다(非자음성).
>
> 어떤 언어학자는 그 위치에 따라 음절의 첫 부분이나 모음 앞에 나타나
> 는 소리 단위를 반자음이라 하고 모음 뒤에 나타나는 소리 단위를 반모음
> 이라고 구별하나, 일반적으로 인정받지 못하며 이의 구별은 매우 어렵다.
>
> 이 때문에 두 용어를 구별하지 않고 과도음(glide)이라고 부르기도 한
> 다. 대개의 이중모음은 과도음과 모음으로 구성되어 있다.

■ 출처 : NAVER 두산백과

모음은 혼자서 하나의 음절을 만드는데 반모음은 하나의 음절을 만들지 못
합니다. 여기서 반자음이란 녀석이 있는데요. 모음과 모음이 서로 만나 자음

100 너! 영어발음 이대로 괜찮겠니?

을 넣습니다. 그런데 여기에 반자음을 추가함으로 이 충돌을 회피합니다.

❷ 모음으로 시작되는 명사 앞에는 'an'이 들어갑니다. 'n'을 넣어 모음과의 충돌을 피합니다.

반모음은 활음이라고 불리기도 합니다. 반모음은 자음이라고도 하고 모음이라고도 합니다. 좀 특이하죠?

/a, e, i, o, u/ 앞에 the가 오면 '디'라고 소리 내지만 'the university'는 '더 유니벌씨리'입니다. 이유는 반모음 때문인데요. 'university'의 발음기호는 반모음으로 시작하기에 '더 유니벌씨리'가 됩니다.

— 반자음 [w]

반자음은 /w/와 /j/가 있습니다. 우리말로는 'ㅗ'와 'ㅜ' 그리고 'ㅣ'로 쓰입니다. 우리가 이미 알고 있던 'ㅗ'와 'ㅜ' 그리고 'ㅣ'의 발음은 /ɔː//u//i/ 등의 발음과는 전혀 다른 발음입니다. 왜일까요?

[w]는 우리말로 'ㅗ'와 'ㅜ' 소리가 납니다. 이 두 개의 소리를 함께 가지고 있기 때문에 반자음이 됩니다. 그래서 소리가 강하게 날 수 없는데요. 대신 강세가 뒤에 오는 모음에 들어가게 됩니다. 반자음 [w]는 입술을 동그랗게 모아준 뒤 소리 내야 합니다.

[w]는 /o/나 /u/와 확실히 다른 소리를 가지고 있습니다. 입을 더 모아야 하며 원순성이 강합니다.

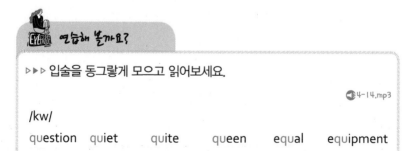

EXERCISE 연습해 볼까요?

▷▷▷ 입술을 동그랗게 모으고 읽어보세요.

🔊4-14.mp3

/kw/

question   quiet   quite   queen   equal   equipment

/w/
walk   want   weather   week   wind   window
/wh-/
who   when   why   which   where
/wr-/ (wr- 은 묵음이 됩니다)
write   wrong   wrap
/sw-/
swim   swing   swear

— 반자음 [j]

반자음 [w]는 입술을 오므리는 반면, 반자음 [j]는 뒤에 오는 모음과 함께 발음할 때 입안 위쪽에서 다음 모음 쪽으로 혀를 움직여야 합니다. 그렇게 해서 'ㅣ' 소리를 만들어 냅니다. 알파벳 'y'가 /j/의 소리로 시작하지만 알파벳 'u'도 /juː/ 소리를 만듭니다. (💿 music, human)

🔊 4-15.mp3

/j/

yesterday   youth   year   yell

— 쥐, 취, 쉬 [ʤ], [ʧ], [s] 발음

쥐, 취, 쉬 /ʤ, ʧ, s/ 소리가 난다고요?

간혹 원어민들이 '시소'를 '쒸쏘'나 '맞아요'를 '좌좌요' 이런 식으로 굴려 말하는 경우를 많이 보셨죠?

원어민들이 이런 발음을 하는 이유는 /쥐, 취, 쉬/처럼 입을 오므리고 발음하는 습성을 가지고 있기 때문입니다. 원어민들도 이런 발음들을 완벽한 한국식 발음으로 고치기는 매우 어려운 일인 것처럼 우리말을 사용하는 사람들도 반대로 영어권 발음으로 고치기 힘든 부분이 있습니다.

일단 이 발음들을 정확하게 구사하기 위해서는 입을 오므리는 연습부터 시작해야 합니다. 여러분도 입을 동그랗게 오므리고 한번 발음해 보세요. '별로 어렵지 않은데?'라고 생각되지만 인식하지 않은 상태에서의 발음은 다시 원위치로 돌아오게 됩니다.

한국식 발음과 원어민 발음을 비교해 보겠습니다.

🔊4-16.mp3

/쥐/의 단어	한국식 발음	원어민 발음
huge	/휴지/	/휴우쥐/
package	/패키지/	/패끼쥐/
bridge	/브리지/	/브뤼쥐/
village	/빌리지/	/빌리쥐/
language	/랭기지/	/랭그위쥐/

 EXERCISE 연습해 볼까요?

▷▷▷ 위 발음을 비교해 봤다면 이제 문장으로 읽어보세요.

🔊4-17.mp3

① It's huge! 엄청 크다!

② He lives in a huge house. 그는 큰 집에 산다.

③ He has a huge nose. 그는 큰 코를 가지고 있다.

④ I have a huge work to do. 난 할 일이 많아.

⑤ please pick up your package. 소포를 가져가세요.

⑥ This package is huge. 이 소포는 크다.

⑦ She crossed the bridge. 그녀는 다리를 건넜다.

⑧ They live in the village. 그들은 마을에 살고 있다.

⑨ It's hard to learn foreign language. 외국어를 배우는 것은 어렵다.

⑩ How many foreign languages do you speak?
당신은 몇 개 국어를 하나요?

/취/의 단어	한국식 발음	원어민 발음
watch	/워치/	/와취/
catch	/캐치/	/캐취/
inch	/인치/	/인취/
such	/써치/	/써취/
touch	/터치/	/터취/

연습해 볼까요?

▶▶▶ 위 발음을 비교해 봤다면 이제 문장으로 읽어보세요.

🎵4-19.mp3

① <u>Watch</u> out! 조심해!

② I <u>watch</u> a lot of movies. 난 많은 영화를 봐.

③ <u>Catch</u> me if you can. 잡을 수 있으면 잡아봐.

④ I'll <u>catch</u> up with you soon. 곧 다시 얘기하자.

⑤ I'm going to <u>catch</u> up on sleep. 잠을 좀 자야겠어.

⑥ I know every <u>inch</u> of this <u>village</u>. 난 이 마을의 모든 것을 알고 있어.

⑦ I don't want to move on <u>inch</u>. 난 꼼짝도 하기 싫어.

⑧ There's <u>such</u> no thing as a free lunch. 세상에 공짜는 없다.

⑨ My boss is <u>such</u> a slave driver. 사장은 우리를 노예 취급해.

⑩ I felt a <u>touch</u> of pain. 조금 아팠어.

/쉬/의 단어	한국식 발음	원어민 발음
dish	/디시/	/디쉬/
fish	/피시/	/피쉬/
flash	/플래시/	/플래쉬/
brush	/브러시/	/브뤄쉬/
finish	/피니시/	/피니쉬/

▷▷▷ 위 발음을 비교해 봤다면 이제 문장으로 읽어보세요.

🔊4-21.mp3

① How do I eat this <u>dish</u>? 이 음식은 어떻게 먹는 건가요?
② What kind of <u>dish</u> is this? 이건 어떤 요리죠?
③ There is <u>fish</u> on the <u>dish</u>. 그릇에 생선이 있다.
④ I was a <u>fish</u> out of water. 저는 잘 적응하지 못했어요.
⑤ Like a <u>fish</u> out of water. 물밖에 나온 물고기 같다.
⑥ It's a <u>flash</u>. 순식간이네.
⑦ It went by in a <u>flash</u>. 순식간에 갔어.
⑧ I'll back in a <u>flash</u>. 금방 돌아올게.
⑨ I <u>brush</u> my teeth three times a day. 나는 하루에 세 번 이를 닦는다.
⑩ <u>Finish</u> eating before you are full. 배가 부르기 전에 그만 먹으세요.

— 'ed' 발음 또한 어려운데요. 'ed' 는 '드' 혹은 'ㅌ' 소리가 납니다.

🔊4-22.mp3

/ㄷ,ㅌ/의 단어	한국식 발음	원어민 발음
managed	/매니지드/	/매니쥐드/
charged	/찰지드/	/좌알쥐드/
judged	/저지드/	/쥐쥐드/

▷▷▷ 위 발음을 비교해 봤다면 이제 문장으로 읽어보세요.

🔊4-23.mp3

① I <u>managed</u> to be in time. 나는 용케 제시간에 도착했다.
② She <u>managed</u> pull herself together. 그녀는 간신이 이성을 되찾았다.
③ It's <u>charged</u>. 충전되었다.
④ He was <u>charged</u> with a crime. 그는 범죄로 고발되었다.
⑤ I think you <u>charged</u> the wrong amount. 계산이 틀린 것 같습니다.

⑥ I'm charged to give you this letter. 당신에게 줄 편지를 갖고 있어요.

⑦ We can't be judged. 판단할 수가 없죠.

⑧ We didn't want to be judged. 우리는 심판을 받고 싶지 않았다.

⑨ I can't be judged by others. 남들에게 평가받고 싶지 않아요.

⑩ I judged him to be around early fifty.
나는 그를 50대 초반으로 짐작했다.

─ 'ㅌ' 발음입니다.

/ㅌ/의 단어	한국식 발음	원어민 발음
touched	/터치드/	/터취트/
reached	/리치드/	/뤼취트/
searched	/서치드/	/썰취트/

 연습해 볼까요?

▶▶▶ 위 발음을 비교해 봤다면 이제 문장으로 읽어보세요.

4-25.mp3

① I'm touched. 나 감동받았어.

② I touched him. 그를 만졌다.

③ I was all touched by their love. 그들의 사랑에 감동받았어요.

④ She touched her sister for money.
그녀는 동생에게 돈을 빌려달라고 했다.

⑤ My goal has been reached. 내 목표는 달성되었다.

⑥ Japan can be reached in two and half hours.
일본은 두 시간 반이면 갈 수 있다.

⑦ You reached end of the list. 당신은 목표 끝에 도달하였습니다.

— 모음 앞 /s/는 '씨' 발음

모음 앞 /s/는 '씨'으로 발음합니다.

영화에서 금발의 주인공 아줌마가 '아들~' 부를 때 'son' 선!이라고 하죠?
하지만 모음 앞에서는 선이 아닌 '썬'으로 '씨'으로 발음합니다.

🔊 4-26.mp3

son /썬/   sea /씨이~/   say /쎄이~/
so /쏘/   some /썸/   simple /씸플/
sony /쏘니/   salt /쌀트/

연습해 볼까요?

▷▷▷ 위 발음을 비교해 봤다면 이제 문장으로 읽어보세요.

🔊 4-27.mp3

① My son is twenty years old. 아들은 20살입니다.

② I have a son and two daughters. 아들 하나와 딸 둘이 있어요.

③ I guess you like the sea. 당신은 바다를 좋아하겠군요.

④ I love the sea so much. 바다를 너무 좋아해요.

⑤ Do you have some time today? 오늘 시간 좀 있어요?

⑥ It's simple but not easy. 간단하지만 쉽진 않아요.

⑦ I used to use Sony laptop. 나는 쏘니 노트북을 사용하곤 했죠.

⑧ Sony laptop is so simple to use. 쏘니 노트북은 정말 사용하기 간단하다.

⑨ "How much is this salt?" he said. 이 소금은 얼마인가요?라고 말했다.

⑩ Some people think your son is so handsome.
어떤 사람들은 당신 아들이 잘생겼다고 생각해요.

— 모음이 아닐 땐 'ㅅ'으로 발음하면 됩니다.

4-28.mp3

/ㅅ/의 단어	한국식 발음	원어민 발음
steak	/스테이크/	/스테잌/
sky	/스카이/	/스카이/
juice	/주스/	/쥬우스/
rice	/라이스/	/롸이스/
this	/디쓰/	/디스/
these	/디즈/	/디이스/
those	/도즈/	/도우스/

 연습해 볼까요?

▷▷▷ 위 발음을 비교해 봤다면 이제 문장으로 읽어보세요.

4-29.mp3

1. This steak is great! 스테이크 맛있네요.
2. How would you like your steak? 스테이크를 어떻게 구워드릴까요?
3. The glass is full of pineapple juice.
   유리컵에 파인애플 주스가 가득 들어 있다.
4. I made these steaks with lemon juice.
   이 스테이크를 레몬주스로 만들었어요.
5. I'd like to get a bowl of rice and one t-bone steak.
   밥 한 공기와 티본스테이크 부탁해요.
6. Let me take those. 그거 가져갈게요.

ㅡ t, d가 '르' 발음

◑4-30.mp3

/ㄹ/의 단어	한국식 발음	원어민 발음
computer	/컴퓨터/	/컴퓨럴/
better	/베터/	/베럴/
water	/워터/	/와럴/
ready	/레디/	/뤠리/
lady	/레이디/	/레이리/
radio	/라디오/	/뤠이리오/
wedding	/웨딩/	/웨링/

 연습해 볼까요?

▷▷▷ 위 발음을 비교해 봤다면 이제 문장으로 읽어보세요.

◑4-31.mp3

① This <u>computer</u> is <u>better</u> than the last one.
저번 컴퓨터보다 이 컴퓨터가 더 좋다.

② I'm ready for my <u>wedding</u>. 결혼식 준비됐어요.

③ It's <u>better</u> to drink a glass of <u>water</u> than coke.
콜라보다 물 한잔 마시는 게 좋아.

④ She truly is a fair <u>lady</u>. 그녀는 정말 아름다운 여자야.

⑤ Look at the old <u>lady</u>. 저 할머니 좀 봐.

⑥ Do you listen to the <u>radio</u> everyday? 매일 라디오를 듣나요?

⑦ like a <u>radio</u> show. 라디오처럼.

⑧ When is your <u>wedding</u>? 결혼식이 언제야?

⑨ Why don't you work on the <u>computer</u>? 왜 컴퓨터로 일하지 않나요?

⑩ I feel <u>better</u>. 컨디션이 좋아졌어요.

ㅡ추, 주 발음

4-32.mp3

tr의 발음	한국식 발음	원어민 발음
true	/트루/	/추루/
train	/트레인/	/추뢰인/
travel	/트레블/	/추뢔블/
tree	/트리/	/추뤼/
truck	/트럭/	/추뤅/

 연습해 볼까요?

▷▷▷ 위 발음을 비교해 봤다면 이제 문장으로 읽어보세요.

4-33.mp3

1 This is my <u>true</u> heart. 내 진심입니다.
2 Is it <u>true</u>? 정말인가요?
3 I thought it might be <u>true</u>. 난 그것이 정말일지도 모른다고 생각했다.
4 I want to <u>travel</u> around the world. 난 세계 여행을 하고 싶다.
5 I will <u>travel</u> with my daughter. 난 딸과 여행할 거예요.
6 The pine <u>tree</u> is reaching up. 소나무가 자라고 있다.
7 The bench is under the <u>tree</u>. 벤치가 나무 아래 있다.
8 The car is in front of the <u>truck</u>. 승용차가 트럭 앞에 있다.
9 He is driving the <u>truck</u>. 그는 트럭을 운전하고 있다.
10 The <u>truck</u> crashed into a wall. 그 트럭은 담을 들이받았다.

4-34.mp3

dr의 발음	한국식 발음	원어민 발음
dream	/드림/	/주륌/
drink	/드링크/	/주륑크/
drug	/드럭/	/주뤅/
dry	/드라이/	/주롸이/
drive	/드라이브/	/주롸이브/

▷▷▷ 위 발음을 비교해 봤다면 이제 문장으로 읽어보세요.

🔊4-35.mp3

① I have a <u>dream</u>. 난 꿈이 있어요.

② It was a <u>dream</u> of a trip. 꿈같은 여행이었다.

③ She is a <u>dream</u> of a woman. 그녀는 멋진 여자다.

④ Why did you <u>drink</u> so much? 술을 왜 이렇게 많이 마셨어?

⑤ He does not <u>drink</u> any more. 그는 더 이상 술을 마시지 않는다.

⑥ He does the <u>drug</u> thing sometimes. 그는 가끔 마약을 한다.

⑦ He was a known <u>drug</u> dealer. 그는 알려진 마약거래자였다.

⑧ I have to <u>dry</u> my hair. 나는 머리를 말려야 해.

⑨ I bought a <u>dry</u> cat food. 나는 고양이 사료를 샀다.

⑩ It's dangerous to <u>drug</u> and <u>drive</u>.
마약을 하고 운전을 하는 것은 위험하다.

the = 더야 디야?

그럴 때 있잖아요. 'the'가 나왔는데 '더'인지 '디'인지. 잉? 할 때~

알파벳 'u'는 여러 가지 소리가 나므로 모음 소리가 나면 '디' 자음 소리면 '더'로 발음하시면 됩니다. 아주 쉬운 규칙이 있었답니다.

'the' 다음에 자음이 발음되면 '더'
'the' 다음에 모음이 발음되면 '디'

"저는 말하기는 좀 되는데 듣기가 힘들어요."

"아 독해는 괜찮은데 듣기가 영……."

"외국 나가면 말은 하겠는데 뭐라 그러는지 모르겠어요."

라고 생각하신 적 많으시죠? 영어를 고민하는 많은 친구들이 해왔던 말이기도 하고요.

맞습니다. 사실 이렇게 생각하는 분들이 대부분인데요.

말하기가 되고 듣기가 안 되는 경우는 절대 never! 없습니다.

이건 정확하게 집고 넘어가야 하는 문제입니다. 우리는 들리는 만큼 말할 수 있고 말하는 만큼 들을 수 있습니다. 저도 예전에 같은 생각을 했었지만 혼자만의 착각이었다는 걸 알게 됐죠. 제가 들리지 않았던 것들은 아직 암기하지 않은, 한 번도 사용해본 적 없는 단어와 문장들이었거나 혹은 알고는 있지만 완벽한 트레이닝이 되지 않은 발음들이었지요.

우리가 들을 수 있는 영어는 이미 알고 있는 단어와 문장들입니다. 만약 들리지 않았다면 정확한 발음법을 모르기 때문인데요. 그렇기 때문에 영어의 정확한 발음을 안다는 것은 다시 말해 영어 듣기를 위한 아주 중요한 첫 발판입니다.

대부분의 사람들이 듣기보다 말하기가 더 수월하다고 생각합니다. 이건 정확히 나만의 기준점에서, 나만이 추구하는 발음을, 나만 이해할 수 있다는 것을 인식하지 못하고 있어서입니다.

물론 정확한 발음을 구사하는 사람들도 있습니다. 하지만 많은 사람들이 본인의 발음의 문제점을 파악하지 못하고 계속해서 '난 한국 사람이야'라는 베이스를 깔고 있는 영어 발음을 하고 있다는 거죠.

더 큰 문제점은 어디서부터 어떻게 발음을 교정해야 하는지, 내가 실수하고 있는 발음들은 어떤 것인지를 정확히 알려주지 않는다는 것. 파닉스를 시작하는 어린 친구들이 아닌 성인들은, 무작정 원어민 선생님들의 발음과 입모양을 보고 따라 하는 것은 내 문제점을 찾기엔 다소 무리가 있어 보입니다.

이미 익숙해질 때로 익숙해진 모국어에서 영어 발음을 덧붙여, 기본 영어에서 영어가 아닌 한국어에서 영어로 바꾸는 습성을 강하게 갖고 있기 때문이죠. 숨을 쉬어야 하고 멈춰야 할 곳, 리듬이 바뀌는 자음과 모음의 차이점 그리고 강세를 넣어야 하는 부분과 약하게 소리 내어야 하는 부분까지. 이 미세하고도 섬세한 영어의 발음을 제대로 일깨워주는 수업을 들어야 합니다.

영어 말하기와 듣기의 시작은 정확한 발음이라는 걸, 말하기는 되고 듣기가 안 되는 경우는 없다는 것을 이제라도 알고 넘어가야겠습니다.

영어 발음 비법 **7단계**

5

장모음과 이중모음

"know가 한 음절이었다고요?"

또박또박 읽지 말고 한 번에 발음해야 하죠.
정확한 의미전달을 위해 연습을 거듭해요!

" 발음의 정석을 알려주마 "

발음
비법

5단계

5

장모음과
이중모음

이중모음은 첫 음은 세게, 뒤 음은 약하게 한 번에 발음해야 합니다.

우리말로 발음할 때 2음절이 되는 경우가 많은데, 그렇게 되지 않도록 연습해야 합니다.

정확한 영어 발음을 배우고 싶다면 장모음의 방법을 알아야 꼭 알아야 합니다. 발음을 할 때 입술 모양과 혀의 위치가 처음과 달라지는 것을 느끼면서 소리 내야 합니다. 가끔 우리는 '의사'를 '이사' 또는 '나의'를 '나이'로 발음할 때가 있습니다.

정확한 이중모음 발음을 위해서는 'ㅢ' 소리를 자연스럽게 이어나가는 것이 중요합니다.

의사는 ㅡ 로 시작해 ㅣ로, 나의는 ㅡ 로 시작해 ㅣ로 자연스럽게 이어 나갑니다.

서울 사람들과 달리 지방에 살고 있는 사람들은 'ㅢ' 발음에 어려움을 겪습니다.

보통 'ㅢ'를 'ㅡ'로 소리 내는 분들이 대다수이기 때문입니다.

'의사'를 말할 때 혀를 인식하며 발음해 보세요. 처음과 끝이 다른 혀의 모양이 느껴질 겁니다.

세 가지 장모음 [ɑː] [iː] [uː]

🔊 5-01.mp3

ch**i**p 과자　　　ch**ea**p 저렴한　　　**ea**t 먹다　　　**i**t 그것

위 단어들의 발음 차이를 알고 있나요?

이 단어들의 발음 차이를 알지 못한다면 여러 분야의 듣기뿐만 아니라 말하기에도 실수가 생기게 됩니다.

🔊 5-02.mp3

아 aː　　　calm /카아암/
이 iː　　　cheese /치이~즈/
우 uː　　　rule /루우울/

우리말에 있는 장모음과 단모음의 발음이 비슷해지듯이 영어에서도 같은 현상이 일어나고 있습니다. 장모음에는 [aː iː uː] 3개의 모음이 있습니다.

장모음 [aː] [uː]는 혀에 힘을 주고 움직인 후 다시 원위치로 돌아오는 특성을 지니고 있는데, 요즘 영어 발음에서 많이 생략되는 반면, [Iː]는 그 특색을 유지하고 있습니다.

EXERCISE 연습해 볼까요?

🔊 5-03.mp3

b**ea**t	때리다	b**i**t	조금
ch**ea**p	싼	ch**i**p	칩
l**ea**ve	떠나다	l**i**ve	살다

sleep	잠자다	slip	미끄러지다
beach	해변	bitch	암캐
deep	깊은	dip	담그다
heal	치료하다	hill	언덕
heat	열	hit	치다
meal	식사	mill	방앗간
peak	꼭대기	pick	고르다
weak	약한	week	주간

뿐만 아니라 더 많은 단어들이 우리의 실생활에 사용되고 있기 때문에, 정확한 의미 전달을 위해 더 많은 연습을 해야 합니다.

━ 한 음절

음절 또한 매우 큰 역할을 합니다.

'know'는 몇 음절일까요?

대게 우리는 '노우'로 읽게 되니 2음절이라 생각하시는 분들이 많습니다.

'know'를 '노우'로 발음하면 안 됩니다. 노.우 우리말로 또박또박 읽게 되면 2음절이 되어버리는데요. know는 1음절입니다.

어떻게 발음할까요? 한 번에 발음해야 합니다. '의사'를 발음할 때처럼 'ㅡ'가 먼저 나온 후 'ㅣ' 발음을 더해 자연스럽게 연결한 듯 한 느낌을 살려주면 됩니다. 장모음 발음처럼 혀와 입술에 힘을 주고 시작하면서 천천히 힘을 빼주며 소리 내면 되겠습니다.

'I love you'가 한국식 발음으로 '아이 러브 유'라면 영어는 '알러뷰'로 발음합니다. 이가 생략되는 원리죠.

'I believe I can fly'라는 노래를 들어보셨나요? 이 노래를 자세히 들어보면 '아빌립아이캔플라이'가 아닙니다.

— 이중모음

이중모음에는 [ai, au, ei, oi. ou] 5개의 모음이 있습니다.

[aI] 소리가 나는 철자는 i, y, ie, ye로 'ㅏ'에서 힘을 주고 'ㅣ'에서 힘을 뺀 소리입니다.

[au] 소리가 나는 철자는 ou, ow입니다. 'ㅏ'로 시작해 n로 끝나는데요. 'ㅏ'의 힘을 주고 후는 힘을 빼줍니다.

[eI] 소리가 나는 철자는 a, ai, ay, ea, ei, ey입니다. 'ㅔ'로 시작하고 'ㅣ'로 끝납니다. 이 소리 또한 'ㅔ' 힘을 주면서 'ㅣ'에서 빼주면 됩니다.

[oI] 소리가 나는 철자는 o, oa, oe, oh, ou, ow입니다. 'ㅗ'로 시작하고 'ㅜ'로 끝나게 됩니다.

장모음과 이중모음의 다른 점은 혀의 위치가 다르다는 건데요. 장모음은 혀가 바뀐 후 원위치되고 이중모음은 처음과 뒤가 다르게 끝납니다.

EXERCISE 연습해 볼까요?

5-04.mp3

ea	/I/	sea, easy
	/eI/	great, break
ey	/I/	key
	/eI/	they
ie	/I/	niece, belief
	/aI/	die, tie
ou	/u/	soup, you
	/au/	mouth, house
	/ou/	shoulder, through

— ‘ㅐ’인가? ‘ㅔ’인가?

가끔 우리말도 헷갈릴 때가 많은 소리들 있잖아요. ‘애너지’ ‘에너지’ 두 ‘ㅐ’
와 ‘ㅔ’의 발음 차이를 아시나요?

‘ㅐ’ 발음을 할 때 입을 더 아래로 벌리는 것이 우리말인데요. 영어도 이런
단어들이 있죠.

bad, bed = æ 발음에서 꼭 입이 아래로 향하게 발음해야 미국인들이 이해
할 수 있답니다.

🔊 5-05.mp3

— æ, ε의 실수하는 단어

back	beck
bag	beg
bad	bed
band	bend
dad	dead
land	lend
laughed	left
marry	merry
pan	pen
mass	mess
sad	said
sand	send
than	then
vast	vest

― work & walk?

'work' 'walk' = '월크' '워크' '웍'으로 발음되시나요?

우리말을 사용하는 사람들이 많이 실수하고 있는 또 다른 단어들입니다. r 과 l이 들어간 단어들이죠. 대게 우리는 이런 실수를 반복합니다.

'walk'는 'wark'로 소리 내고, 'work'는 'wolk' 이렇게 반대로 [r] [l]의 발음을 바꾸는 습관들이 있습니다.

일단 'ㅗ' 발음입니다. 혀를 아래쪽으로 더 내리면 혀가 둥글게 바뀌는데요. 이때 'ㅗ'라고 소리를 냅니다. 또 한 가지, 길게 발음하고 깊은 소리를 내주는 것이 포인트입니다.

'work'는 혀를 아래로 내리지 않고 닿지 않은 상태에서 'r' 소리를 내보세요. 'walk'는 혀를 아래로 내려 닿게 한 후 소리 내봅시다.

 연습해 볼까요?

5-06.mp3

/al/	call, fall, small, talk, walk
/aw/	jaw, law, raw, draw
/au/	because, sauce, daughter
/o/	dog, fog, long, song, along
/ou/	thought, ought, cough

잊지 말아야 할 것은 장모음은 혀의 위치가 바뀌었다가 다시 원상 복귀를 해야 합니다. 반면 이중모음은 한 번에 발음하되 처음에는 힘을 주고 뒤에는 힘을 뺀 후 혀와 입술의 위치를 바꾸면서 아주 약하게 소리 내야 합니다.

'한 번에 읽는다.'라고 생각하고 빠르게 발음하여 주고 뒷소리는 작게 들릴 수 있는데 그때도 꼭 혀와 입술 모양을 바꾸어주며 발음합니다.

― 우리말에 없는 모음

우리말에 없는 모음은 [æ] [a] [i]가 있습니다. 이미 알고 있다고요? 그런데 여기서 중요한 부분은 우리말에 있는 /e, ʌ, iː/와 우리말에 없는 /æ, a, i/ 를 구분하지 못하고 발음하고 있다는 점입니다.

/æ/는 우리말 '에'보다 입을 크게 벌려 턱이 내려오게 한 후 소리 내야 합니다. 소리를 낼 때 '에아'를 낼 건데 이때 '에아'를 끊지 않고 더 길게 '에아 ~~~~~~~~~~' 합니다. 마치 한 단어인 것처럼 길게요. 강세가 있는 소리 여서 다른 모음보다 크고 길게 소리 내야 한다는 것 꼭 기억하세요!

그런데 왜 소리가 길어질까요?

/æ/는 /e/보다 턱이 더 내려가기 때문에 소리의 길이가 길어집니다.

우리말을 사용하는 사람들이 알파벳 'a'를 '아'라고 생각하지만 알파벳 '아'는 /æ/로 발음된다고 생각하셔야 합니다.

🔊 5-07.mp3

/e/	/æ/
met	mat
end	and
better	batter
pen	pan
pet	pat
men	man
beg	bag
letter	latter
ben	ban

/a/는 입을 크게 벌린 후 턱을 내리고 '아'로 발음합니다.

5-08.mp3

/ʌ/	/a/
l<u>u</u>ck	l<u>o</u>ck
r<u>u</u>b	r<u>o</u>b
st<u>u</u>ck	st<u>o</u>ck
c<u>u</u>p	c<u>o</u>p
c<u>u</u>t	c<u>o</u>t

/ɔ/도 /a/로 발음합니다.

5-09.mp3

/ʌ/	/ɔ/ = /a/
l<u>u</u>nch	l<u>au</u>nch
d<u>o</u>ne	d<u>a</u>wn
c<u>u</u>t	c<u>au</u>ght
p<u>u</u>n	p<u>a</u>wn

/i/ 발음은 '이' 소리가 납니다.

우리말을 사용하는 사람들이 자주 실수하는 발음입니다.

/i/와 /i:/의 차이점이죠. /i:/는 입술 꼬리를 살짝 올리고 발음합니다.

5-10.mp3

/i/	/i:/
p<u>i</u>ll	p<u>ee</u>l
st<u>i</u>ll	st<u>ea</u>l
sl<u>i</u>p	sl<u>ee</u>p
sh<u>i</u>p	sh<u>ee</u>p
s<u>i</u>n	s<u>ee</u>n
h<u>i</u>d	h<u>ee</u>d
t<u>i</u>n	t<u>ee</u>n

f**i**ll	f**ee**l
b**i**t	b**ea**t
it	**ea**t
l**i**ve	l**ea**ve
s**i**t	s**ea**t
l**i**st	l**ea**st

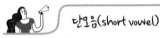

단모음(short vowel)

단모음이란?

모음이 자음과 자음 사이에 올 경우, 앞에 자음 없이 모음과 자음의 형태로 이루어질 경우 이 모음이 다른 알파벳 소리가 나는 것을 단모음이라 합니다.

ㅡ 단모음 [ʌ]

bird의 발음은 벌드? 발드?

단모음 [ʌ]는 'ㅓ'와 'ㅏ'의 발음을 모두 가지고 있습니다.

'bird'를 발음할 때 우리는 '벌드'라고 하지만 자세히 들어본다면 '발드'라고 들리기도 합니다. 모음이 엑센트를 받고 발음하면, 입 전체가 더 벌어지게 됩니다.

'but'을 '벗'과 '밧' 둘 다 들어보셨을 텐데요. 만약 영화나 미국인과 대화할 때 '밧'으로 더 들린다면 그 건 엑센트를 더 주고 강조를 한다는 것이 되겠죠. 화가 났거나, 억울하거나 혹은 반대를 하는 경우가 많겠네요.

– 단모음 [I]

economy의 발음은 이커너미? 에커너미?!

단모음 [I]는 'ㅣ'과 'ㅔ'의 발음을 가지고 있습니다.

이 또한 단모음 [ʌ]와 같이 [I]에 강세를 주면 'ㅔ' 소리가 더 날 수 있습니다. 장모음 [iː]는 우리말 'ㅣ'보다 하이 톤이며 단모음 [I]는 우리말 'ㅣ'보다 낮게 발음하여 'ㅔ' 소리가 날 수 있습니다.

– 단모음 [u]

good!의 발음은 굿? 굿?!

good을 발음할 때 '그우웃'으로 단모음 [u]가 'ㅜ'가 아니라 'ㅡ'에서 'ㅜ'로 넘어가야 합니다.

🔊5-11.mp3

단모음 'u' 단어	
o	w<u>o</u>man
u	f<u>u</u>ll, p<u>u</u>t, p<u>u</u>sh
ou	c<u>ou</u>ld, sh<u>ou</u>ld, w<u>ou</u>ld
oo	g<u>oo</u>d, b<u>oo</u>k, h<u>oo</u>k

🔊5-12.mp3

장모음 'uː' 단어	
ou	s<u>ou</u>p, gr<u>ou</u>p
oo	f<u>oo</u>d, p<u>oo</u>l

apple은 애플이 아니야!

'apple' 유치원 시절 처음 배운 단어네요. 제가 처음으로 공부했던 파닉스 책 첫 장에 있던 첫 번째 단어입니다. 여러분은 'apple'의 정확한 발음을 알고 계신가요?

보통 우리가 알고 있는 '애플'은 '앳뻐얼'로 소리 내야 합니다. 만약 지금까지 'apple'을 '애플'로 발음해 왔다면 다시 처음부터 발음 교정이 필요하다는 사실을 알아야 합니다. 이렇게 '앳뻐얼'처럼 'ㅃ, ㄸ, ㄲ' 소리가 나는 단어들이 있습니다.

ㅃ ㄸ ㄲ 소리를 살펴보겠습니다. 소리 내서 읽어보세요.

ㅃ			
spin /스삔/	sports /스뽀올츠/	speech /스삐취/	purple /펄뿔/
simple /씸뿔/	apple /애뿔/		

ㄸ			
step /스뗍/	stone /스또얼/	stamp /스땜프/	sister /씨스떨/
hector /헥떨/	doctor /닥떨/		

ㄲ			
school /스꿀/			

stop sound란?

파열음(plosive)은 자음을 발음할 때 허파로부터 성대를 통해 나오던 공기가 완전히 폐쇄를 당했다 터져 나오면서 나는 소리입니다.

/t, d, p, b, k, g/ 자음들은 stop sound로 생각하시면 됩니다. (앞에 있는 자음: 무성음, 뒤에 있는 자음: 유성음)

조금 더 더하자면 영어의 리듬을 조절하여 쉬어가는 위치를 찾아 정확한 영어 발음을 구사하는 방법입니다. 단어 속에서 멈춰야 할 곳의 타이밍을 찾지 못하면 엑센트가 들어가야 할 곳에 강세가 없거나 약하고 짧게 발음해야 하는 곳에서 오히려 강세를 주게 될 수 있습니다.

stop sound의 소리 모두 바람을 막아서 만드는 소리이기 때문인데요.

이 자음들이 단어 앞에 오면 쉽게 소리 낼 수 있지만 단어 끝에 올 경우 바람을 막으며 끝내기에 어려움을 갖습니다.

기본적으로 t와 d는 혀를 입천장 위에 닿게 한 후 목에서 나오는 바람을 막습니다. 그래서 우리말 '트, 드, 느'와는 다른 소리를 내게 됩니다.

t와 d가 나올 경우 소리를 막는다는 느낌보다는 '흡'하면서 바람을 막는다고 생각해주세요.

p와 b는 '흡'하면서 입술로 바람을 막아줍니다.

그리고 k와 g는 혀의 안쪽을 이용해 배에 힘을 주어 막아주세요.

✂ k ○ 'took' [tu/k]

'툭'으로만 생각해왔지만 정확한 발음은 '투우크'로 k에서 한 번 더 힘을 줘야 합니다.

 영어는 이렇게 한 단어에도 섬세한 나눔이 필요합니다. 원어민들은 'stop sound'를 따로 공부하지 않습니다. 왜냐하면 그들은 이미 태어났을 때부터 영어를 그대로 받아들이기 때문이죠. 외국에서 오래 살았던 교포들도 발음에 어려움이 있다면 stop sound를 이용한 발음 교정이 꼭 필요합니다.

▷▶▷ 음절을 나누는 규칙

우리말과 영어는 다른 음절 구분 방법을 갖고 있습니다.

❶ 모음 + 자음 + 자음 + 모음의 첫음절은 첫 번째 자음까지

 pepper = pep-per

 picnic = pic-nic

❷ 모음 + 자음 + 모음은 첫음절은 첫 번째 모음까지

 begin = be-gin

 ocean = o-cean

❸ 자음 + le은 자음 앞까지

 noodle = noo-dle

 needle = nee-dle

영어 발음 비법 **7단계**

6

자음/모음 발음기호

"발음기호를 한눈에 확인해볼까요?"

발음기호에 관해 모두 알려드릴게요.
지침에 따라 소리 내며 읽어요!

" 발음의 정석을 알려주마 "

발음
비법

6단계

6

자음/모음
발음기호

━ 자음 발음기호

자음은 모음과 다르게 혼자서 발음될 수 없습니다. 모음과 함께 발음되어야
하는 거죠. 자음은 조음점, 조음 방법, 성대의 진동이 있는지 없는지에 따라
달라집니다.

영어의 자음 도표									
자음 도표		양순음	순치음	치여음	치경음	경구개 치경음	경구개음	연구개음	성문음
파열음	무성	P			t			k	
	유성	b			d			g	
마찰음	무성		f	θ	s	∫			h
	유성		v	ð	z	ʒ			
파찰음	무성					ʧ			
	유성					ʤ			
비음	무성								
	유성	m			n			ŋ	

자음 도표		양순음	순치음	치여음	치경음	경구개 치경음	경구개음	연구개음	성문음
설측음	무성								
	유성				l				
접근음	무성								
	유성	(w)			r		y	w	

/p/ 두 입술을 닿게 한 후 공기를 터뜨리며 입술을 앞으로 튕기듯 내밀고 성대를 울리지 않고 발음합니다.

/b/ 두 입술을 닿게 한 후 공기를 터뜨리며 입술을 앞으로 튕기듯 내밀고 성대를 울리면서 발음합니다.

/t/ 혀끝을 윗니 잇몸에 닿게 한 후 공기를 막습니다. 혀를 떼면서 '트' 소리를 내줍니다. 이때 혀가 아랫잇몸으로 가게 됩니다.

/d/ 혀끝을 윗니 잇몸에 닿게 한 후 공기를 막습니다. 혀를 떼면서 '드' 소리를 내줍니다. 이때 아랫니 혀가 아랫잇몸으로 가게 됩니다.
/t/소리보다 조금 더 저음으로 내주세요.

/k/ 혀의 뒷부분을 올리면서 호흡을 막은 후 터뜨리면서 '크' 소리를 성대 울림 없이 냅니다.

/g/ 혀의 뒷부분을 올리면서 호흡을 막은 후 터뜨리면서 '끄' 소리를 성대 울림과 함께 냅니다.

/f/ 윗니를 아랫입술에 닿게 합니다.
아랫입술을 높으면서 성대를 울리지 않고 /f/ 소리를 냅니다.

/v/ /f/와 같이 윗니를 아랫입술에 닿게 합니다.
아랫입술을 놓으면서 성대를 울리며 /v/ 소리를 냅니다.

/θ/ 혀끝 위를 윗니 끝 쪽으로 닿게 한 후 공기를 막아줍니다.
다시 혀를 당겨주면서 성대를 울리지 않고 /θ/ 소리를 냅니다.

/ð/ 혀끝 위를 윗니 끝 쪽으로 닿게 한 후 공기를 막습니다.
다시 혀를 당겨주면서 성대를 울리고 /ð/ 소리를 냅니다.

/s/ 입을 살짝 벌린 상태에서 혀끝을 윗니 뒤로 닿게 한 후 공기를 밖으로 뱉어 성대가 울리지 않도록 소리와 함께 호흡을 내뱉습니다.

/z/ 혀를 아랫니와 잇몸 사이에 두고 '즈'하며 호흡을 내뱉으며 진동을 줍니다.

/ʃ/ 입을 사각형으로 모아 앞으로 내민 후 혀를 위쪽으로 올리면서 성대를 울리지 않고 소리 냅니다.

/ʒ/ 입을 사각형으로 모아 앞으로 내민 후 혀를 위쪽으로 올리며 발음합니다. 이때 성대를 울려주세요.

/ʧ/ 입을 사각형으로 모아 앞으로 내민 후 소리 냅니다.
이때 성대는 울리지 않습니다.

/ʤ/ 입을 사각형으로 모아 내민 후 소리 냅니다.
이때 성대 울림을 넣습니다.

/l/ '을_러' 소리를 생각하며 혀를 아랫잇몸 쪽으로 떨어트리고 성대를 울리면서 소리 냅니다.

/r/ 혀 앞부분을 올려 윗니 잇몸에 닿게 해 준 후 입을 작게 모아서 앞으로 내밀어 성대를 울리며 소리 냅니다.

/h/ 입을 벌린 후 혀 뒤를 올려 공기를 막습니다.
빠르게 터뜨리면서 /h/ 소리를 성대 울림 없이 소리 냅니다.

/j/ 혀 뒤를 올린 후 막습니다. 혀 뒷부분을 떼면서 입을 옆으로 벌려 '이' 소리를 내고 다시 턱을 내리며 '야' 소리를 더합니다. 이때 성대를 울려주세요.

/m/ 두 입술을 모으고 호흡을 막습니다. 성대를 울리며 /m/ 소리를 냅니다.

/n/ 혀를 윗니 잇몸에 댄 후 공기를 비강으로 길게 올려 /n/ 소리를 냅니다.

/ŋ/ 혀 뒷부분을 올린 후 성대를 울리며 '응' 소리를 냅니다.

— 모음 발음기호

v–ʌ, e–ə, o–ɔ, a–æ, s–ʃ, d–ð, T–ʧ, c–ɔ, n–ŋ, z–ʒ, æ, ð, θ, ʌ, ʤ, ʧ

모음은 조음기관의 폐쇄나 협착이 필요 없이 공기를 자유롭게 나오게 하는 소리로 음절의 핵(nucleus)을 만듭니다. 고저(pitch), 강세(stress), 억양(intonation)도 모음으로 표현됩니다.

모음은 혀의 높이나 모양에 따라 구분되고, 움직임에 따른 진동과 공기에 영향을 받습니다.

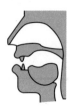

[i], [a], [u]의 조음시의 구강의 모양

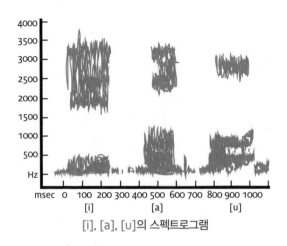

[i], [a], [u]의 스펙트로그램

① 혀의 높이로 고, 중, 저(high, mid, low) 구분

② 혀의 전후 위치로 전설, 중설, 후설(front, central, back) 구분

③ 입술의 모양으로 원순, 평순(round, unround) 구분

④ 조음기관의 긴장, 이완(tense, lax) 구분

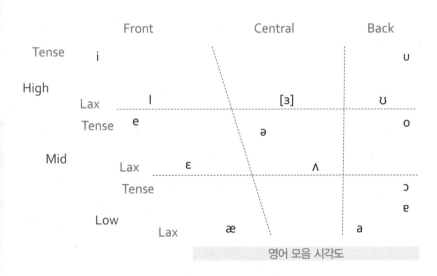

영어 모음 시각도

/e/ 혀끝을 아랫잇몸에 닿은 상태에서 '에' 소리를 내며 턱을 살짝 앞으로 내밉니다. 이때 입은 조금 옆으로 벌려주세요.

/ɛ/ /e/발음보다 혀끝으로 아랫잇몸을 강하게 누릅니다.
턱을 내밀면서 길게 '에' 소리를 냅니다.

/æ/ 혀 뒷부분을 올린 후 호흡을 짧게 막습니다.
/e/소리 정도 입을 벌리고 '애-애' 두 번 나눠 발음합니다.

/i/ 혀끝은 아랫잇몸에 놓고 다시 혀를 위로 올려 입을 옆으로 벌립니다.

/iː/ 혀 뒷부분을 떼면서 입술을 옆으로 당겨주면서 /i/ 발음을 합니다.
'이-이'처럼 두 번 소리를 냅니다. 이때 입을 너무 많이 벌리지 않도록 주의합니다. 턱을 앞으로 내려준 후 '아' 소리를 냅니다. 턱을 좀 더 눌러 다시 '아-아' 소리를 냅니다.

/ai/ 혀 뒷부분을 떼면서 짧게 '아' 발음해주세요.
다시 '아-이' 소리를 냅니다.

/au/ 턱을 살짝 앞으로 내리고 짧게 '아' 소리를 냅니다. 이 상태에서 '우' 발음을 더해 '아-우' 소리로 턱을 살짝 올리고 입은 모아줍니다.

/ɔː/ 입술을 턱과 함께 살짝 앞으로 내민 후 '오' 발음합니다.
입술과 턱을 좀 더 앞으로 내밀면서 '오-오' 로 연결합니다.

/ə/ 많은 동작이 없는 발음입니다. 혀 뒷부분을 떼면서 짧고 약하게 성대 울림을 내줍니다.

/ʌ/ 턱을 앞으로 밀 듯 내려주면서 성대를 울리게 발음합니다.
/e/발음과 흡사하지만 리듬의 길이로 구분합니다.

/u/ 혀 뒷부분을 살짝 위로 올리면서 턱과 입을 앞으로 내밀 듯 '우' 소리를 냅니다.

/uː/ 혀의 뒷부분을 올려주면서 턱과 입을 앞으로 내밀고 '우' 소리를 냅니다. 턱을 앞으로 내밀면서 '우-우' 소리처럼 두 번 소리를 냅니다.

/ou/ '오' 소리를 내야 합니다. 입을 내밀면서 사각형으로 만듭니다. '오-우' 두 개를 자연스럽게 연결합니다.

/ɔi/ 턱과 입을 앞으로 내밀면서 입술은 사각형 모양으로 '오' 소리를 냅니다. 턱을 들어주며 입술을 옆으로 벌린 후 '오-이'로 소리를 연결합니다.

/w/ 입술을 앞으로 내밀며 '우' 소리를 냅니다. 입술을 앞으로 내밀면서 '와' 소리를 더합니다.

/aːr/ 입술을 내밀고 턱을 아래로 내리면서 '아-아' 소리를 냅니다. 입술을 모아 더 밀면서 /r/소리를 더합니다.

/əːr/ 턱을 내리면서 발음합니다. 입술을 사각형으로 만든 후 앞으로 빼면서 /r/소리를 추가합니다.

미국인이 우리 영어 발음을
어색하게 듣는 이유는?

　초등학교부터 캐나다에서 생활해 왔지만 가끔씩 제 자신에게 의문이 들 때가 많았습니다. 그건 "나는 정말 제대로 된 발음을 구사하고 있는 걸까?"라는 미스터리? 같은 느낌 적인 느낌이랄까요?

　분명한 건 외국에서 문제없이 회화를 하게 될 때쯤에도 가끔씩 원어민들은 제가 뱉은 말을 다시 묻곤 했다는 겁니다. 가끔은 5번 이상을 다시 말해야 하는 상황도 종종 있었는데요. 신기한 건 제가 대화를 많이 해보지 못한 나라 친구들의 발음은 반대로 제가 이해하기 어려웠다는 겁니다.

　물론 그 친구들도 그랬겠죠?

　중 고등학교를 다닐 당시까지만 해도 제가 다니던 학교에는 흑인은 단 한 명도 없었습니다. 그러다 학교가 아닌 다른 곳에서 흑인 친구들과 대화를 할 기회가 있었을 때 제 머릿속은 멘붕이 오지 않을 수 없었습니다. 잘 들렸던 영어가 들리지 않았기 때문이죠.

　이렇게 같은 영어권이라 해도 다른 엑센트를 가지고 있는 영국이나 다른 지역들의 영어는 다시 저를 미궁에 빠뜨렸습니다. 제 귀는 익숙한 발음에만 열려있었던 겁니다.

　그날 이후로 티비를 보며 각 나라의 영어 발음을 듣기 시작했죠. 중국인들의 영어 발음, 일본인들의 영어 발음, 인도 및 모든 나라에는 우리나라 사람들만 사용하는 '콩글리시' 같은 각각 그 나라만이 가지고 있는 특색의 '영어'가 있었습니다.

외국인이 한국말을 구사할 때 나오는 '정말?'을 '쪙빨?'의 소리처럼, 분명 우리말을 쓰는 사람들의 영어도 원어민에겐 다르지 않을 것입니다.

발음 교정은 영어를 배우고자 하는 모든 나라 사람들, 그리고 우리나라 사람들에게 기본적으로 꼭 필요한 필수조건입니다.

영어 발음 비법 7단계

7
발음 바로잡기 총정리

"너의 영어발음, 이제는 괜찮을 거야."

지금까지 배운 비법을 정리하고 되새기도록 해요.
이제 자신감을 갖고 원어민을 마주해요!

" 발음의 정석을 알려주마 "

발음
비법

7단계

7

발음 바로잡기
총정리

① **t 발음**

입천장 앞쪽에 혀끝을 살짝 댔다가 떼면서 나는 소리입니다. 이때 바람만 뺀다 생각하고 가볍게 발음하세요. 끝에 오는 **t**는 소리가 거의 생략됩니다. 매우 중요한 발음입니다.

le**t** /렛/　　　　　　　　attention /어텐션/

② **t [t] '**ㄹ**'로 변하는 t**

강모음과 약모음 사이에 **t**가 오면 'ㄹ' 소리가 납니다. 강모음 + **rt** + 약모음, **-tle**, **-ttle**도 같습니다.

matter /메럴/　　　　　bottle /바를/　　　water /워럴/

③ **t가 콧소리로 나는 경우**

t가 단어 중간에 있고 끝 알파벳은 **n**으로 끝날 때 콧소리를 사용합니다.

mountain /마운테인/　　button /버른/

④ t가 생략되는 경우

t가 모음 사이에 올 때(-nt-), n 소리에 동화되어 소리가 생략됩니다.
또한 '-nt'로 끝날 경우 t를 생략합니다.

twenty /트웨니/   dental /덴들/   don't /도운/   won't /원/

⑤ 된소리 t

t가 'ㄸ'로 발음될 때는 st가 나올 때입니다.

stole /스또울/   street /스뜨륏/   stone /스또온/

⑥ 't'가 '츄' 소리가 날 때

단어 뒤에 '-ture' 나 'tr' 시작되는 알파벳은 '츄' 소리로 발음합니다.

futures /퓨쳘스/   furniture /퍼니츄얼/   train /튜레인/

⑦ /æ/와 /e/

/æ/는 우리말 /애/ 보다 입을 양옆으로 더 벌리고 발음해야 합니다.

apple /에쁠/

⑧ /b/는 우리말 'ㅂ'이 아니다.

/b/는 윗입술과 아랫입술을 안쪽으로 살짝 동그랗게 넣고 내는 소리입
니다.

breakfast /브렉패슷/   baby /베이비/

⑨ c가 첫 알파벳으로 나올 경우 /k/소리가 된다.

알파벳 c기 단어 처음으로 나올 때 k소리로 변하게 됩니다.

cross /크로스/   coupon /큐폰/

⑩ 강모음과 d + 약모음에서 d가 약화되면 [t] 소리가 난다.

강모음 + d + 약모음 d 가 약화되면 굴리는 [d] 소리가 나게 됩니다.

nood**le** /누덜/　　**au**d**ience** /아디언스/

⑪ **dr-**

dr- 로 시작하는 단어는 '듀'와 '쥬' 소리가 납니다. 가끔 두 개의 소리가 같이 나서 헷갈릴 수 있지만 '듀'와 '쥬'의 중간이라 생각하면 됩니다.

drink /쥬링크/　　**dr**y /쥬라이/

⑫ /f/ 발음의 정석

/f/는 윗니를 아랫입술을 살짝 닿게 한 후 바람을 후~! 분다 생각하고 냅니다.

coff**ee** /카풔/　　**rudol**f /루우돌ㅍ/

⑬ 목구멍을 동그랗게 만드는 g

g는 목구멍을 크고 동그랗게 만들어 목구멍 안에서 올리듯 소리를 냅니다.

girl /가알/　　**g**one /간/　　**g**od /갓/

⑭ 생략되는 h

he, him, his, her 그리고 조동사(**have**) 부사(**here**) 등은 h 소리가 거의 생략됩니다.

I like **her** /아라이커/

⑮ i

i는 강세가 올 때 '에' 소리로, 강세가 없을 시 '어'로 발음합니다.

impossible /임파씨벌/   kiss me /키쓰미/

⑯ l

l은 단어 끝에 오거나 'milk'처럼 자음 앞에 오면 약화됩니다.

milk /미얼ㅋ/

⑰ m, n은 콧소리를 낸다.

m은 '음~~~' n은 '은~~~' 상태에서 콧소리가 나게끔 발음을 합니다.

moon /무은~/   noon /누은~/

⑱ o가 '아' 발음일 때

턱을 오므린 상태에서 다시 턱을 당기며 소리 내면 '아' 소리가 납니다.

orange /아뤤지/   coffee /카피/

⑲ o는 '오우' 소리를 낸다.

sorry /쏘우뤼/   coin /코우인/

⑳ 성대를 울리지 않아야 p 소리가 난다.

b와 같이 p도 아랫입술을 동그랗게 말아 성대를 울리지 않고 바람소리를 더합니다.

police /펄리스/   powder /파우러/   point /포인t/

㉑ 'question'은 '퀘스쳔'이 아닌 '크웨스쳔'이다.

queen /크윈/   quote /크워t/   question /크웨스쳔/

㉒ r은 혀가 입천장에 닿지 않는다.

제대로 된 r 발음은 혀가 입천장에 닿지 않고 혀를 동그랗게 말아준 뒤 발음합니다.

roll /로울/   river /뤼벌/   rose /로우스/

㉓ s는 'ㅅ'와 'ㅆ' 소리를 가지고 있다.

s는 s+자음일 때 'ㅅ' 발음하고 s가 모음 앞에 있을 때 그리고 끝 자음으로 -s, -ss일 경우 'ㅆ' 소리가 납니다.

sweet /스윝/   dress /드뤠쓰/

㉔ ㄲ, ㄸ, ㅃ 된소리

s 다음에 /k, t, p/ 소리가 오면 된소리로 발음합니다.

skate /스께잍/   student /스뜌던트/   speak /스삑/

㉕ wh-

원어민들은 wh-의 [h] 발음을 생략하는 경우가 많습니다.

whistle /위쓸/   white /와잍/

㉖ 노홍철의 /th/ 발음

/th/는 윗니와 아랫니 사이에 혀를 살짝 물고 발음합니다.

Thursday /떨스데이/   thin /띠인/

㉗ -ing는 [ŋ] 발음 생략

-ing가 들어간 단어들을 빠르게 발음할 땐 [ŋ] 발음이 생략됩니다. -in으로 들리곤 합니다.

going /거인/   smoking /스머킨/   loving /러빈/

28 **z** 소리는 길게 해 준다.

z는 혀가 입천장에 닿지 않은 상태에서 혀의 진동을 느끼며 (으)
z~~~~ 길게 소리 냅니다.

zoo /즈우/   zero /즈에로/

자주 실수하는 영어 단어

• accessory	/익쎄써뤼/	• apartment	/아팔먼트/
• audio	/아리오/	• banana	/버내나/
• battery	/배러뤼/	• body	/바리/
• boss	/바스~/	• bus	/빠스~/
• boxing	/박씽/	• cake	/케익/
• card	/카알드/	• casino	/커씨노/
• center	/쎄널/	• cheese	/취~ㅣ즈/
• cherry	/췌뤼/	• chocolate	/촤ㅋ렡/
• counting	/캬우닝/	• coffee	/카피/
• curry	/커뤼/	• cone	/코운/
• desire	/디~자이열/	• disappointing	/디써포이닝/
• donut	/도우넡/	• download	/다운로옫/
• energy	/에널쥐/	• engine	/엔쥔/
• enter	/에널/	• fork	/폴크/
• fire	/파이열/	• gas	/개스/
• golf	/가알프/	• hall	/허얼/
• handbag	/핸배액/	• headphone	/헤엣포운/
• home	/호움/	• idea	/아이디야/
• internet	/이널넷/	• interview	/이널뷰/

• item	/아이럼/	• japan	/줴팬/
• jeans	/쥐인즈/	• jogging	/좌깅/
• knock	/낙/	• label	/레이블/
• light	/라잍/	• lobby	/라비/
• magic	/매쥑/	• mask	/매스크/
• melody	/멜러리/	• meeting	/미링/
• model	/마럴/	• note	/노웉/
• open	/오우쁜/	• painting	/페이닝/
• painter	/페이널/	• panda	/팬다/
• partner	/팔ㅌ널/	• party	/팔리/
• piano	/피애노/	• queen	/크윈/
• radio	/뢔이리오/	• robot	/로우밧/
• salad	/쌜런/	• sale	/쎄열/
• schedule	/스께쥴/	• shampoo	/쉠프/
• show	/쑈우/	• sitcom	/씻캄/
• ski	/스끼/	• soda	/쏘우라/
• soup	/쑵/	• speaker	/스뻬껄/
• star	/스따알/	• steak	/스떼잌/
• stereo	/스떼뤼오/	• studio	/스뚜리오/
• system	/씨스떰/	• tight	/타잍/
• title	/타이틀/	• tire	/타이열/
• tomato	/터메이로/	• top	/탑/
• twenty	/트워니/	• type	/테입/
• video	/비리오/	• volume	/발륨/
• wedding	/웨링/	• yard	/얄드/
• yo	/요우/	• yellow	/옐로/
• zoo	/즈우/	• zebra	/지브롸/
• zone	/즈온/		

다음 단어들의 발음을 우리말로 써보세요.

01 약모음과 강모음

▷▶▷ a

① **stop** [stap]	멈추다	_____
② **mom** [mam]	엄마	_____
③ **top** [tap]	꼭대기	_____
④ **day** [dei]	날	_____
⑤ **great** [greit]	대단한	_____
⑥ **bag** [bæg]	가방	_____

answers ① ㅅ땊 ② 마암 ③ ㅌ앞 ④ 데이~ ⑤ ㄱ뤠잍 ⑥ 배엑

▷▶▷ e

① **set** [set]	놓다	_____
② **death** [deθ]	죽음	_____
③ **meet** [mi:t]	만나다	_____
④ **easy** [i:zi]	쉬운	_____
⑤ **ready** [redi]	준비된	_____
⑥ **key** [ki:]	열쇠	_____

answers ① 쎄엩 ② 데쓰 ③ 미잍 ④ 이지이 ⑤ 뤠리 ⑥ 키~이

▷▷▷ i

① **many** [meni]　　많은　　_____

② **build** [bild]　　짓다　　_____

③ **lie** [lai]　　거짓말　　_____

④ **like** [laik]　　좋아하다　　_____

⑤ **even** [ivn]　　심지어　　_____

answers　① 매니　② 비일드　③ 라이　④ 라일　⑤ 이브은

▷▷▷ o

① **run** [rʌn]　　달리다　　_____

② **done** [dʌn]　　끝난　　_____

③ **boat** [bout]　　배　　_____

④ **most** [moust]　　가장　　_____

⑤ **up** [ʌp]　　위쪽　　_____

⑥ **salt** [sɔlt]　　소금　　_____

answers　① 뤄언　② 단　③ 보옷ㅌ　④ 모우스트　⑤ 업ㅍ　⑥ 썰ㅌ

▷▷▷ U

① **news** [nuz]　　뉴스　　_____

② **room** [rum]　　방　　_____

③ **two** [tuː]　　둘　　_____

④ **to** [tu]　　~에게　　_____

⑤ **music** [mjuzik]　　음악　　_____

answers　① 뉴우스　② 루우움　③ 투우~　④ 투　⑤ 뮤지익

▷▷▷ w

① water [wɔter]   물   _____

② win [win]   이기다   _____

③ want [wɔnt]   원하다   _____

answers ① 워럴 ② 위인 ③ 워언트

▷▷▷ y

① yard [jard]   들판   _____

② you [ju]   당신   _____

③ new [nju]   새로운   _____

answers ① 얄드 ② 유 ③ 뉴우

▷▷▷ er

① water [wɔtər]   물   _____

② hurt [hərt]   아픈   _____

③ there [ðear]   거기   _____

④ near [hiər]   가까운   _____

⑤ or [ɔr]   또는   _____

⑥ sure [ʃuər]   확신하는   _____

⑦ girl [gərl]   소녀   _____

⑧ burn [bərn]   태우다   _____

answers ① 워럴 ② 허얼 ③ 데얼 ④ 니얼 ⑤ 오알 ⑥ 슈얼
⑦ 거얼 ⑧ 벌ㄴ

03 묵음

▷▷▷ wh, gh, ho, kn

① why [wai]　　　왜　　　　　_____

② night [nait]　　　밤　　　　　_____

③ hour [auər]　　　시간　　　　_____

④ knee [ni:]　　　무릎　　　　_____

answers ① 와이 ② 나잍 ③ 아월 ④ 니이

▷▷▷ mb, t, l

① climb [claim]　　　(산을) 오르다　　_____

② pretty [priti]　　　예쁜　　　　_____

③ talk [tɔk]　　　말하다　　　_____

④ walk [wɔk]　　　걷다　　　　_____

answers ① 클라임 ② 프뤼리 ③ 턱 ④ 웍

04 쌍자음

▷▷▷ wh, gh, ho, kn

① fall [fɔl]　　　(나무에서) 떨어지다　_____

② marry [mæri]　　　결혼하다　　_____

③ different [difərənt]　　다른　　　_____

④ kiss [kis]　　　키스　　　　_____

⑤ kick [kik]　　　(공을) 차다　　_____

answers ① 펄 ② 메뤼 ③ 디퍼런 ④ 키쓰 ⑤ 킥

Yesterday, I went to school with my brother. My brother is 17 years old, shy guy, born in Seoul, Korea. I was so happy when he asked me to go to school with me because it's the first time. Anyway. He looks so upset and sad. I tried to talk to him. I said, "What's wrong with you?" He said, "I'm so upset because today I have to write an test." "It's okay, just write the answer that you know." I said. "But I didn't study for a long time and I have no idea what's going on." he said. After school, I came back home with him and he said nothing.

answers Yesterday,/ I went to school with my brother.// My brother is 17 years old,/ shy guy,/ born in Seoul,/ Korea.// I was so happy/ when he asked me to go to school/ because it's the first time.// Anyway.// He looks so upset/ and sad.// I tried to talk to him.// I said,/ "What's wrong with you?"// He said,/ "I'm so upset/ because today I have to write an test."// "It's okay,/ just write the answers that you know."// I said.// "But/ I didn't study for a long time/ and I have no idea/ what's going on."/ he said.// After school,/ I came back home/ and he said nothing.